Andrea D. Bührmann, Katrin Hansen,
Martina Schmeink, Aira Schöttelndreier (Hg.)

Das Unternehmerinnenbild in Deutschland

D1730704

Managing Diversity

herausgegeben von

Prof. Dr. Katrin Hansen
(FH Gelsenkirchen)

Prof. Dr. Ursula Müller
(Universität Bielefeld)

Dr. Iris Koall
(Universität Dortmund)

Band 4

LIT

Andrea D. Bührmann, Katrin Hansen,
Martina Schmeink, Aira Schöttelndreier (Hg.)

Das Unternehmerinnenbild in Deutschland

Ein Beitrag zum gegenwärtigen Forschungsstand

LIT

Wir danken dem Ministerium für Innovation, Wissenschaft, Forschung und Technologie des Landes Nordrhein-Westfalen für die Finanzierung des Projekts.

Bibliografische Information Der Deutschen Bibliothek
Die Deutsche Bibliothek verzeichnet diese Publikation in der Deutschen Nationalbibliografie; detaillierte bibliografische Daten sind im Internet über http://dnb.ddb.de abrufbar.

ISBN 3-8258-9049-X

© LIT VERLAG Hamburg 2006
Auslieferung/Verlagskontakt:
Grevener Str./Fresnostr. 2   48159 Münster
Tel. +49 (0)251–620320   Fax +49 (0)251–231972
e-Mail: lit@lit-verlag.de   http://www.lit-verlag.de

Inhaltsverzeichnis

INHALTSVERZEICHNIS... 5

ANDREA D. BÜHRMANN /KATRIN HANSEN
Ausgangspunkte zur Erforschung der Facetten des
Unternehmerinnenbildes in Deutschland... 8

MARTINA SCHMEINK /AIRA SCHÖTTELNDREIER
Facetten des Unternehmerinnenbildes – Die Untersuchung
des Selbst- und Fremdbildes von Unternehmerinnen in
Deutschland.. 29

1.	Zielsetzung und gesellschaftliche Bedeutung des Forschungsprojektes..	29
2.	Stand der Forschung..	29
2.1.	Forschungsfragen und Hypothesen..............................	35
2.2.	Forschungsdesign...	37
2.2.1	Methodisch-methodologisches Vorgehen zur Erforschung des unternehmerischen Fremdbildes...........	37
2.2.2.	Methodisch-methodologisches Vorgehen zur Erhebung des unternehmerischen Selbstbildes..............	39
2.2.3.	Die Auswahl des Samples...	41
2.2.4.	Die regionale Verteilung der Untersuchungen zur Vielfalt des Unternehmerinnenbildes in Deutschland...	42
2.2.5.	Definitionen unternehmerischen Handelns..	43
3.	Zusammenfassung und Ausblick...................................	47

ROSEMARIE KAY/ PETER KRANZUSCH/ ARNDT WERNER
Zum Einfluss des Unternehmerbildes auf die Gründungs-
aktivitäten von Frauen und Männern 52
Einleitung... 52

1..	Datengrundlage:das Bonner Gründungspanel.................	54
2.	Empirische Analysen...	56
2.1.	Einflussfaktoren auf die Gründungsneigung...................	56
2.1.1	Allgemeiner Einfluss der Gründungsdeterminanten..........	56

2.1.2.   Geschlechtsspezifischer Einfluss der
          Gründungsdeterminanten...................................... 59
2.2   Einflussfaktoren auf den Gründungsvollzug.................. 63
2.2.1   Allgemeiner Einfluss der Gründungsdeterminante............. 63
2.2.2   Geschlechtsspezifischer Einfluss der Gründungs-   66
         determinanten......................................
3.   Resümee... 66
Literatur.. 68
Diskussion... 70

FRIEDERIKE WELTER /LEONA ACHTENHAGEN
Unternehmerinnentum und Unternehmerinnenidentität
Einleitung... 73
1.   Zur institutionellen Einbettung von Unternehmertum............ 74
2.   Methodisches Vorgehen..................................... 77
3.   Der Unternehmerinnendiskurs in Deutschland:
      Ausgewählte Ergebnisse.................................... 80
4.   Bilder, Sprache und Unternehmerinnenidentität................ 84
5.   Fazit und Implikationen.................................... 86
Literatur.. 88
Diskussion... 91

RENÉ LEICHT / MARIA LAUXEN-ULBRICH
Entwicklung und Determinanten von Frauenselbständigkeit
in Deutschland - Zum Einfluss von Beruf und Familie-............ 101
Einleitung... 101
1.   Frauenselbständigkeit und ihre Determinanten............. 101
1.1.   Unternehmerische Aktivitäten in geschlechter-
         differenzierender und internationaler Sicht................ 101
1.2.1.   Einfluss von beruflicher Segregation und
         Familienverantwortung................................... 104
2.   Datenbasis... 105
3.   Zunahme bei andauernder Unterrepräsentation........... 106
4.   Arbeitserfahrung und berufliche Kenntnisse.............. 108
4.1.   Erwerbsposition vor der Gründung
         und Berufswechsel...................................... 108

4.2.	Bedeutung von Beruf und beruflicher Segregation.....	109
5.	Lebensform und Familienverantwortung................	111
6.	Multivariates Erklärungsmodell...........................	112
7.	Fazit..	115

MICHAEL – BURKHARD PIORKOWSKY
Institutionelle Einflüsse auf das Unternehmerbild

	Institutionelle Einflüsse auf das Unternehmerbild............	122
	Einführung und Überblick....................................	122
1.	Schlaglichter auf Beratungsinstitutionen und Förderprogramme....................................	123
1.1.	Informationen für und über Gründungen.................	123
1.2.	Implizites Unternehmerbild in Förderprogramme.......	125
2.	Prägungen durch Wirtschaftstheorie und schulische Wirtschaftssozialisation.....................	126
2.1.	Unternehmen und Haushalte in der ökonomischen Theorie...................................	127
2.2.	Zum Unternehmerbild bei und nach Schumpeter......	130
2.3.	Zum Unternehmertum in der schulischen Wirtschafts- sozialisation..	132
3.	Empirische Grundlagen eines neuen Unternehmerbildes..	135
3.1.	Neue Kulturen unternehmerischer Selbstständigkeit..	135
3.2.	Neue Hauswirtschaft als Faktor und Resultat gesellschaftlicher Modernisierung.......................	138
4.	Ausblick..	140
Literatur.	....	142
Diskussion	....	146

ANDREA D. BÜHRMANN / KATRIN HANSEN

| | Einige Einsichten und neue Forschungsfragen............ | 161 |

Andrea D. Bührmann / Katrin Hansen:

Ausgangspunkte zur Erforschung der Facetten des Unternehmerinnenbildes in Deutschland.

Am Beginn des 21. Jahrhunderts scheint sich das Leitbild des Unternehmers bzw. der Unternehmerin (‚Entrepreneurs') in Deutschland noch immer maßgeblich an dem des männlichen Unternehmers vom Beginn des 20. Jahrhunderts zu orientieren. Dieser Unternehmer ist vielfach beschrieben worden. So hat der bekannte Ökonom *Josef A. Schumpeter* schon 1911 eine noch heute häufig zitierte Definition des Unternehmers vorgelegt: „Der typische Unternehmer frägt sich nicht, ob jede Anstrengung, der er sich unterzieht, auch einen ausreichenden ‚Genußüberschuß' verspricht. Wenig kümmert er sich um hedonische Früchte seiner Taten. Er schafft rastlos, weil er nicht anders kann, er lebt nicht dazu, um sich des Erworbenen genießend zu erfreuen" (Schumpeter 1911, S. 137). Und Schumpeter (1911, S. 137f) stellt weiter fest: „Unter diesem Bild vom Unternehmertypus steht: plus ultra. Wer sich im Leben umsieht, hört es aus dem Typen heraus – [...]. Und die sein Verhalten adäquat interpretierende Motivation liegt nahe genug: Da ist zunächst der Traum und der Wille, ein privates Reich zu gründen, meist, wenngleich nicht notwendig, auch eine Dynastie. [...] Da ist sodann der Siegerwille. Kämpfenwollen einerseits, Erfolghabenwollen des Erfolgs als solchen wegen andererseits. [...] Freude am Gestalten endlich ist eine dritte solche Motivfamilie". Dieser Unternehmer ist ohne Zweifel vom protestantischen Ethos der Askese beflügelt, den *Max Weber* (1920) doch so eindringlich beschrieben hat. Zugleich gemahnt er in frappierender Weise an das von *Max Horkheimer* und *Theodor W. Adorno* in der "Dialektik der Aufklärung" (1944) beschriebene Ideal gelungener Subjektivierung, das vielfach in der Frauen- und Geschlechterforschung als einseitig männlich orientiertes Ideal kritisiert worden ist.[1]

So stellt *Dennis De* im deutschen Sprachraum ein Abrücken von dem ursprünglichen Inhalt des Begriffs Unternehmer fest, als dessen Kern er das verantwortliche, mutige und entschlossene Führen eines Unternehmens ansieht: „Heute assoziieren die meisten Menschen mit Unter-

---

1 Vgl. hierzu zusammenfassend Bührmann: 2003.

nehmertum vor allem Wirtschaftskapitäne, [...] Wenn beispielsweise jemand sagt: ‚mein Onkel ist Unternehmer', wird damit in der Regel etwas diffus Größeres verbunden, aber selten ein Einzelhändler, Softwareberater oder Dachdecker. Alle dieses Menschen sind aber Unternehmer im ursprünglichen deutschen Wortsinn [...]" (2005: 16f.)

Das deutsche Unternehmerbild der Betriebswirtschaft speist sich u.a. aus US-amerikanischen Quellen – und wie es scheint, ist nach wie vor der „entrepreneurial hero" wirksam am Werk: „In this myth, entrepreneurial heroes personify freedom and creativity. They come up with the Big Ideas and build the organizations – the Big Machines – that turn them into reality. They take the initiative, come up with technological and organizational innovations, devise new solutions to old problems. They are the men and women, who start vibrant new companies, turn around failing companies and shake up staid ones. To all endeavors they apply daring and imagination. The myth of the entrepreneurial hero is old as America and has served us well in a number of ways." (Reich 1999[1987]: 25) In diesem Mythos ist weder Platz für unspektakuläre Alltagsmenschen, die Unternehmen gründen und führen, noch für unternehmerisches Denken und Handeln von MitarbeiterInnen: „To the entrepreneurial hero belongs all the inspiration; the drones are governed by the rules and valued for their reliability and pliability." (Reich 1999]1987]: 26)

Galten die damit verbundenen Vorstellungen für westliche Industriegesellschaften lange Zeit als funktional, so sehen viele sie nicht erst seit heute als überholt und sogar als gefährlich an. Schon 1987, in der Erstveröffentlichung seines Aufsatzes „Entrepreneurship reconsidered: The Team as Hero", warnt *Robert R. Reich*: „There is just one fatal problem with this dominant myth: it is obsolete. The economy that it describes no longer exists. By clinging to the myth, we subscribe to an outmoded view of how to win economic success – a view that, on a number of counts, endangers our economic future." (Reich 1999/ 1987: 27)

Die Ausrichtung am männlichen Unternehmertum vom Beginn des 20. Jahrhunderts – wie sie im Übrigen immer noch in bundesdeutschen Tageszeitungen anzutreffen ist [2]- wird auch der Heterogenität unternehmerischer Aktivitäten in Deutschland und Europa keinesfalls gerecht.

---

2 Dies zeigt eindrucksvoll die von Leona Achtenhagen und Friederike Welter (2003) durchgeführte Diskursanalyse der Zeit

Diese ist vielmehr durch Vielfalt in Hinsicht auf die Formen des Unternehmertums selbst, aber auch in Hinsicht auf die unternehmenden Personen und ihre Motive für die Gründung, die Weiterführung oder die Übernahme eines Unternehmens geprägt.

Aktuelle Untersuchungen weisen auf die Verbreitung ganz unterschiedlicher Formen des Unternehmertums hin, wobei die Zunahme weib-lichen Unternehmertums als eine wichtige Wurzel dieser Entwicklung gesehen wird (vgl. Arum/ Müller 2004). „A key characteristic of self-employment in Germany is its heterogeneity" (Lohman/ Luber 2004: 37). So gibt es neben dem klassischen Unternehmertum Schumpeterscher Prägung mittlerweile ein ausgeprägtes ‚Teilzeit-Unternehmertum' bzw. ‚Nebenerwerbs-Unternehmertum', ein ‚Not-Unternehmertum', das sich aus der Erwerbslosigkeit heraus gründet oder zur Vermeidung davon entstanden ist und ja mittlerweile im Zuge der Hartz -Reformen auch massiv staatlich gefördert wird.[3]

Zu neuen Formen des Unternehmertums gehören darüber hinaus auch so genannte ‚Jüngst-Unternehmungen' aus Schulen heraus, sowie ein ‚Spät-Unternehmertum', von Menschen, die älter als 40 Jahre sind.[4]

Dorothy Moore (2000) setzt sich mit gender-spezifischen Aspekten des Unternehmertums auseinander, wobei sie sich am Konzept der „Boundaryless Career" (Arthur/ Rousseau 1996) orientiert. Sie erkennt die Individualität des Gründungsgeschehens an, identifiziert aber auch Charakteristika, die allen von ihr untersuchten, von Frauen geführten, Unternehmensgründungen eigen sind: „Each of these business owners has her own individual story, but the origins of nearly all of their firms have an important common feature: At a critical time in the entrepreneur's career someone, with whom she had connected, offered encouragement, pointed out an opportunity, provided financial backing, or in some other important way lent a hand. The commonality of incidents cannot be dismissed as good luck, except in terms of the adage that chance favours the well prepared. A two-part explanation is both simpler and sounder. Up to that point in their careers, these women had continually worked toward constructing networks, and with extensive net-

---

schriften „Welt" und „Süddeutsche Zeitung" in den Jahren 1995 – 2001. Einen Überblick über den aktuellen Diskurs gibt

Welter in diesem Band. Zum Bild der Unternehmerin im skandinavischen Raum vgl. auch Ahl: 2002;Pietiläinen 2001.

3 Hier sind 86% der „Ich-AG-GründerInnen auf Einnahmen neben denen aus unternehmerischer Tätigkeit angewiesen (vgl.

May-Strobel 2005).

4 Vgl. dazu auch: Pannenberg: 1998; Piorkowski 2001; Schuldt: 2003

works with many people they had multiplied the possibilities that they might obtain assistance at a propitious moment. Then they decided to take the plunge. *Networking and independent judgement make up an important part of their stories.*" (Moore 2000: IX (Hervorhebung durch uns))

Die Bedeutung von Netzwerken im Zusammenhang mit der Unternehmensgründung und – führung durch Frauen finden wir auch bei anderen Autorinnen, wobei neben beruflichen auch private Netzwerke angesprochen und Unterschiede zwischen ethnischen Kulturen thematisiert werden (vgl. Pringle/ Wolfgramm 2005). Es wird konstatiert „.. that there is no optimal modell for small business practice." (ebd. : 145). Es wird vielmehr die Fähigkeit gewürdigt, kulturspezifische Wege zu finden, Führungsrollen zu definieren und einen adäquaten Stil der Unternehmensführung in spezifischen settings zu entwickeln.

Moore unterscheidet bei der Analyse weiblichen Unternehmertums die folgenden Typen:
- Intentional Entrepreneurs
- Lifetime Business Owners
- Copreneurs
- Family Owned Business
- Delayed Entrepreneurs
- Organizational Entrepreneurs
- Boundary Spanners
- Mavericks

Insbesondere bei den beiden letztgenannten Typen wird das Muster der „Boundaryless Career" deutlich, das als neues Beschäftigungsprinzip in den letzten Jahren zunehmend diskutiert wird.
„Boundaryless Careers" zeichnen sich durch ihre Unabhängigkeit von traditionellen, organisationsbezogenen Berufs- und Karriereverläufen aus. In ihnen übernehmen die Individuen die Verantwortung für ihre Karriereaussichten und verbinden dabei abhängige Beschäftigung, Selbständigkeit und den beruflichen Bereich insgesamt mit dem Management ihres Privatlebens und realisieren dies vor allem über Netzwerke (Arthur/ Rousseau 1996). Ein Schlüsselbegriff ist in diesem Zusammenhang „Enactment", verstanden als Kombination von Kontrolle der Agenten mit kooperativem Lernen: „..., the concept of enactment suggests, that individuals are agents of their own development, but not

simply because they are active, controlling, and independent. People also organize cooperatively in order to learn." (*Weick* 1996: 45)

Im Gefolge der Diversifizierung von Unternehmertypen hat sich der Kreis derjenigen Personen, die unternehmerisch tätig sind und sein sollen, erheblich ausgeweitet. *Raymond E. Miles* und *Charles C. Snow* unterscheiden vier Wellen der Unternehmensentwicklung (1996). Während bis 1970 Unternehmensgröße und Hierarchie im Mittelpunkt standen, verändert dieses Bild sich um die Jahrtausendwende: Unternehmen kooperieren und bekämpfen einander simultan („Coopetition" vgl. *Ketchen/ Snow/ Street* 2004), erfolgreiche Karrieren realisieren sich in Form selbständiger Professionalität auf der Basis selbstverantworteter Karriereplanung und selbstgesteuerten Lernens in Netzwerken, welche sich aus „cellular organizations" zusammensetzen: „A cellular organization is an appropriate form in those settings, where creative and entrepreneurial activities are valued and where the resources needed to implement these activities are available through the sharing of knowledge, skills and learning opportunities within a set of complementary teams or firms. This, the cellular organization, does not "use" its members. Instead, it is used by them to facilitate their own business initiatives." (*Miles/Snow* 1996: 111)

Individuen, die im Szenario der "Fourth Wave" ihre Berufskarriere erfolgreich gestalten wollen, müssen ihre Zukunft pro-aktiv managen und lernen, sich als UnternehmerIn ihrer Selbst zu verstehen. *Sumantra Goshal, Christopher A. Bartlett* und *Peter Moran* sprechen sogar von einem „new moral contract", in welchem Wettbewerbsfähigkeit der Unternehmen gegen persönliche Entwicklungschancen getauscht wird, die ihrerseits „employability" garantieren, nicht aber Sicherheit des Arbeitsplatzes: „This new moral contract also demands a lot of employees. It requires that they have the courage and the confidence to abandon the stability of lifetime employment and to embrace the invigorating force of continuous learning and personal development." (Goshal/Bartlett/Moran 2000: 134)

Auch im deutschsprachigen Raum ist im Personalmanagement seit den 1990er Jahren der Ruf nach dem ‚unternehmerischen Mitarbeiter bzw. der unternehmerischen Mitarbeiterin' laut geworden (Vgl. *Wunderer* 1995). Es sollen sich nämlich nicht mehr nur Männer aus bürgerlichen Schichten – wie eben noch zu Beginn des 20. Jahrhunderts - als ‚ge-

borene' Unternehmer fühlen. Vielmehr sollen sich nun Menschen aus allen Schichten bzw. Klassen, aus unterschiedlichen Ethnien/-Rassen und eben auch Frauen als unternehmerisches Selbst fühlen. Allerdings findet sich im deutschsprachigen Raum eine deutliche Unterscheidung zwischen internen Unternehmern („Mitunternehmertum") und „Entrepreneurship" (Unternehmertum im Schumpeter'schen Sinne des schöpferischen Zerstörers) sowie „Intrapreneurship", in deren Rahmen Schlüsselfiguren in abhängiger Beschäftigung als Unternehmer agieren (vgl. Wunderer/ Dick 2002).

„Mitunternehmertum" ist Bestandteil einer personalpolitischen Strategie mit dem Ziel, „...die aktive und effiziente Unterstützung der Unternehmensstrategie durch problemlösendes, sozialkompetentes und umsetzendes Handeln einer möglichst großen Anzahl von Mitarbeitern aller Hierarchie- und Funktionsbereiche mit hoher Eigeninitiative und Verantwortung in dafür fördernden Strukturen" zu erreichen (*Wunderer/Dick* 2002: 371). Spezifisches Merkmal des Mit-Unternehmertums ist in diesem Konzept die soziale Kompetenz der unternehmerischen Mitarbeiter und Mitarbeiterinnen, welche diese in die Lage versetzt, Selbständigkeit und Kooperation in ihrem Denken und Handeln zu verknüpfen und im Sinne der Gesamtorganisation, inklusive deren Stakeholdern, zu agieren. Im Gegensatz zu dem elitären Intrapreneur-Ansatz, der sich vorrangig oder ausschließlich den eigenen Interessen verpflichtet fühlt, realisiert sich Mitunternehmertum in internen Märkten *und* in sozialen Netzwerken mit dem dort vorherrschenden Koordinationsmedium Vertrauen. Daher erfordert dieser Ansatz eine „Sozial-Kompetenz-Kultur" (Wunderer/Dick 2002: 378) für weite Teile der Mitarbeiter und Mitarbeiterinnen, die die Prinzipien Konkurrenz und Kooperation ausbalanciert.

Für klassische Entrepreneurs sehen Wunderer und Dick diese soziale Kompetenz als entbehrlich an. Dass die These der Entbehrlichkeit sozialer Kompetenz, verstanden als „Fähigkeit *und* Motivation, mit sich selbst und anderen konstruktiv, eigenbestimmt, kooperativ und situationsgerecht umzugehen, (Wunderer/Dick 2002: 369) für erfolgreiche Unternehmer der „Fourth Wave" tatsächlich zutrifft, ist u. E. allerdings zu bezweifeln und wird im Rahmen unseres Forschungsprojektes sorgfältig beobachtet werden. Wichtig ist aber, dass soziale Kompetenz überhaupt als wesentlicher Bestandteil eines Konzeptes von Binde-Strich-Unternehmertum thematisiert wird.

Rolf Wunderer und *Petra Dick* stellen mit ihrem Ansatz eine spezifische Ausformung des unternehmerischen Selbst vor, das stärker von sozialer Verflochtenheit gekennzeichnet ist, als dies für das klassische Bild des Unternehmers gilt. Dennoch müssen diese Mitunternehmer und –unternehmerinnen ihr „unternehmerisches Selbst" entdecken und entwickeln, wobei sie von der Organisation unterstützt werden, die sie beschäftigt und die von ihren unternehmerischen Aktionen profitiert. Dieses unternehmerische Selbst richtet seine gesamte Lebensführung am unternehmerischen Handeln aus.

Peter Miller und *Niklas Rose* (1995, S. 455) beschreiben dieses unternehmerische Selbst folgendermaßen: „The ‚enterprising self' was a new identity for the employee, one that blurred or even obligareted, the distinction between worker and manager. The ‚enterprising self' was the active citizen of democracy at work, whether in charge of a particular product division, a large corporation, or a particular set of activities on the shop floor. (...) Individuals had to be governed in light of the fact, that they each sought to conduct their lives as a kind of enterprise of the self, striving to improve the ‚quality marketplace of life' to themselves and their families through the choices, that they tool within the marketplace of life". In dieser Perspektive bildet das Ökonomische dann nicht mehr einen klar umgrenzten Bereich der menschlichen Existenz. Vielmehr umfasst es damit prinzipiell alle Formen menschlichen Handelns und Sich-Verhaltens.

Viele Studien, auch aus dem Umkreis der so genannten Governmentality Studies, die sich vor allen Dingen dafür interessieren, wie Herrschaftspraktiken und Individuen miteinander verwoben sind,[5] haben mittlerweile die aktuelle Hegemonialität dieser Subjektivierungsweise [6] deutlich gemacht. Das unternehmerische Selbst gilt als hegemonial, da es in unterschiedlichen Lebenswelten zu finden ist und dort dominant wirkt. Es taucht, wie *Günter Voß* und *Hans Pongratz* (1998) festgestellt haben, in der Arbeitswelt als ‚Arbeitskraftunternehmer' auf und löst den

---

5 Die Governmentality Studies beschäftigen sich insofern mit dem, was Anthony Giddens (1995) als ‚facility' bezeichnet hat, also die Möglichkeit der Verfügung über Ressourcen, mit denen die Handelnden zwischen Herrschaft auf der Strukturebene und Macht auf der Handlungsebene agieren können. Für einen ersten Überblick über diese Forschungsperspektive vgl. etwa Bröckling / Krasmann / Lemke: 2000, 2004; Pieper / Gutiérrez Rodriguez: 2003.

6 Mit Begriff Subjektivierungsweise wird hier in Anlehnung an Michel Foucault (1994a,b) die Art und Weise mit der Menschen sich selbst und andere wahr-nehmen, erleben und klassifizieren, bezeichnet. Vgl. dazu Bührmann: 2004.

'verberuflichten Massenarbeiter des Fordismus' ab. Während allerdings das Konzept des Arbeitskraftunternehmers mittlerweile in den Mainstream sozial- wie wirtschaftwissenschaftlicher Diskurse durchaus Eingang gefunden hat und dort unter dem Stichwort Subjektivitätsthese engagiert das Pro und Contra dieses Konzepts diskutiert wird,[7] scheinen Forschungsergebnisse, insbesondere aus dem Umfeld der Governmentality Studies, zur Verbreitung des unternehmerischen Selbst bisher tendenziell einer Rezeptionssperre zu unterliegen. Dabei ist leider vielfach aus dem Blick geraten, dass die Anforderungen an das unternehmerische Selbst über die Arbeitswelt hinausgehen und somit ubiquitär zu werden scheinen. Denn einen fitten Eindruck machen, gesund aussehen und Energie versprühen gelten, so hat etwa *Monica Greco* (1993) gezeigt, als sichtbare Beweise für einen engagierten ‚Willen' zum unternehmerischen Erfolg.

Auf diesen Erfolgswillen, der überall und immer zu demonstrieren ist, verweist auch *Anthony Giddens*. Er konstatiert: „Das Individuum kann sich nicht zufrieden geben mit einer Identität, die bloß übernommen oder ererbt wird bzw. auf einem traditionsbestimmten Status aufbaut. Die Identität der Person muss weitgehend entdeckt, konstruiert und aktiv aufrechterhalten werden" (Giddens: 1997, S. 120/121).

Die Geburt dieses unternehmerischen Selbst wird am Ende der 1960er Jahre datiert. Zu diesem Zeitpunkt, so heißt es etwa bei *Sven Opitz,* (2004) taucht im Rahmen von Personalentwicklungsmaßnahmen größerer Unternehmen zuerst das unternehmerische Selbst auf. Dieses Selbst wird dann in den 1970er Jahren verstärkt nachgefragt, wie zum Beispiel *Luc Boltanski* und *Ève Chiapello* (1999) erläutern. Damit scheint das unternehmerische Selbst just zu diesem Zeitpunkt aufzutauchen, an dem vor allem Diagnostiker einer reflexiven Modernisierung, wie zum Beispiel *Ulrich Beck* und *Christoph Lau,* (2004) auch einen bisher letzten Individualisierungsschub[8] konstatieren.[9]

---

7 Vgl. hierzu etwa Schumann / Kuhlmann / Sanders / Sperling: 2005; Lohr / Nickel: 2003

8 Um das „Bedeutungsknäuel dieses überbedeutungsvollen missverständlichen Unbegriffs (Beck: 1986, S. 205) ist es zu einiger Verwirrung gekommen. Wir verstehen hier Individualisierung als einen Effekt gesellschaftlicher Modernisierung, der sich als Vergesellschaftungsmodus – im Sinne der Integration von Individuen in die Gesellschaft – in fortschreitendem Ausmaß auf die verschiedenen (Teil-)Bereiche der individuellen Lebensführung ausgedehnt zu haben scheint (vgl. auch Kraft 1992).

9 Kritisch dazu Burkart/Kohli 1992; Friedrichs 1998.

Angesprochen vom unternehmerischen Selbst fühlen sich offenbar – zumindest in Deutschland – faktisch weitaus mehr Männer als Frauen, [10] obgleich doch zum Beispiel illegale Putzfrauen als geradezu proto-typische Verkörperungen des Arbeitskraftunternehmers begriffen werden könnten und sollten, wie *Maria Rerrich* zu Recht anmerkt. [11] So belegt Deutschland nur den 27. von 33 Plätzen der im Rahmen des Global Entrepreneurship Monitors (GEM) analysierten Länder. [12] Denn gemäß der Zahlen des statistischen Bundesamtes sind 2002 nur 6,4% aller weiblichen Erwerbstätigen Unternehmerinnen, während immerhin 12,9% aller männlichen Erwerbstätigen Unternehmer gewesen sind. Damit stellen Frauen nur 27,5% aller UnternehmerInnen in Deutschland (vgl. Statistisches Bundesamt: 2002, S. 58).

In diesem Sinne teilt auch das Bundesministerium für Bildung und Forschung im Juli 2005 mit: „Nur jede dritte Existenzgründung erfolgt durch eine Frau. Bei technologieorientierten Gründungen sind Frauen noch deutlicher unterrepräsentiert" (*Antwort der Bundesregierung* auf die Kleine Anfrage der Abgeordneten Vera Dominke, Katharina Reiche, Thomas Rachel, weiterer Abgeordneter und der Fraktion der CDU/CSU – Drucksache 15/5765 S. 23). Hier liegt der Frauenanteil sogar nur zwischen 10 und 15 %. [13] Nicht zuletzt aufgrund dieser Zahlen werden Frauen immer wieder als ‚unerschlossene Ressource' begriffen, die es gilt, optimaler auszuschöpfen, um einen Wirtschafsaufschwung zu induzieren. [14]

Zusammenfassend stellen dazu *Leona Achtenhagen* und *Friederike Welter* (2003, S. 27) fest. "The German discourse is largely based on the key assumption that (female) entrepreneurship is good for the economic situation and this for society at large."

Mit Blick darauf sind mittlerweile unterschiedlichste Maßnahmen zur Förderung von Existenzgründungen durch Frauen aufgelegt worden: [15]

---

10 Diese Asymmetrie korrespondiert interessanterweise mit einer gewissen ‚Geschlechtsblindheit', die sowohl in Bezug auf das Konzept Arbeitskraftunternehmer aber auch in Bezug auf das unternehmerische Selbst schon gelegentlich konstatiert und auch kritisiert worden ist. (vgl. dazu etwa: Bröckling:2002; Gottschall: 1999; Jurczyk: 2002; Lohr / Nickel: 2005; Pühl:2003; Rerrich: 2002; Voß / Weiß: 2005).

11 Vgl. hierzu Rerrich: 2002, S. 109. Für diesen Literaturhinweis danken wir A. Senganata Münst.

12 Vgl. hierzu Minniti / Arenius / Langowitz: 2005, S. 16.

13 Vgl. hierzu Pressemitteilung des BMWA: 2004.

14 Vgl. dazu etwa auch Hansen: 2001.

15 Vgl. dazu etwa IfM: 2001; Fehrenbach / Leicht: 2002; Lauxen-Ulbricht/Leicht:2002; Piorkowsky: 2001, 2002; Welter / Lageman: 2003.

Außer der bundesweiten "Agentur für Gründerinnen" hat das Bundes-ministerium für Familien, Senioren, Frauen und Jugend zum Beispiel die "Sonderauswertung Mikrozensus im Gründungsgeschehen" gefördert, den Aufbau frauenspezifischer Beratungseinrichtungen für Existenz-gründerinnen und Unternehmerinnen unterstützt, die Herausgabe von Broschüren und Handbüchern zum Thema finanziert und die Gemein-schaftsinitiative "CHANGE/CHANCE", auf den Weg gebracht. Darüber hinaus hat das Bundesministerium für Wirtschaft und Arbeit das Gut-achten "Unternehmerinnen in Deutschland" (BMWA: 2003) in Auftrag gegeben und die Initiative "Women's Way of Entrepreneurship" wie auch Mentoring Projekte wie „MAP – Mentoring als Instrument der Per-sonalentwicklung" und „TWIN – Two Women Win", welches mit der G.I.B. konzipiert und heute auf bundesweiter Ebene durch die Käte - Ahlmann-Stiftung fortgeführt wird, gestartet.[16]

Ziel der Projekte war die gezielte Förderung von jungen Unternehmerin-nen, denen erfahrene Unternehmerinnen bzw. bei MAP auch Manager als Mentorinnen bzw. Mentoren zur Seite gestellt werden. Den Hinter-grund bilden die hohen Potenziale der jungen Gründerinnen und Unter-nehmerinnen, denen sie eine gezielte und unbürokratische Unterstüt-zung und vor allem geeignete unternehmerische Vorbilder anbieten wollten. Denn neben Funktionen der Karriere-Entwicklung sind insbe-sondere psychosoziale Funktionen und das Vorbild der Mentee von großer Bedeutung für Unternehmerinnen (vgl. *Hansen/ von Papstein* 2005).

So zeigten homogene Beziehungen zwischen Mentoring-PartnerInnen, die beide einer Minderheit angehören, relative niedrige Effekte in der Karriere-Entwicklung, dafür aber umso höhere in den psycho-sozialen Funktionen (vgl. *Ragins* 1997). Allerdings verspüren in diesen Bezie-hungen die MentorInnen eine besondere Zufriedenheit mit der Möglich-keit, als Rollenmodell Mitglieder der gleichen sozialen Gruppe zu unter-stützen. Dass letzteres auch für deutsche Mentorinnen des TWIN - Pro-jektes zutrifft, belegen Interviews der Evaluatorinnen (zitiert in *Hansen/ Tovar* 2005: 6): „Beide [Mentees] sind mir ans Herz gewachsen. Sie sind meine Unternehmerkinder. Ganz unterschiedlich wie sie sind, ha-ben sie mir so viel geschenkt, gegeben. Es ist für einen selbst ein tolles Gefühl seine Erfahrungen weitergeben zu können. Ich hatte damals so

---

16 Vgl. Hansen/ Tovar 2005

eine Unterstützung nicht, deshalb werde ich mein Möglichstes tun, beiden zu helfen. Ich habe auch zu beiden nach wie vor Kontakt. Die erste Beziehung ist ja laut Vertrag schon beendet, aber wann immer meine Mentee mich braucht, bin ich für sie da. Außerdem interessiert mich selbst ja auch, wie es bei ihr weitergeht. Schließlich haben wir ihre Sorgen geteilt und ich möchte schon wissen, ob mein Rat ihr auch längerfristig hilft."

Mentoring transportiert Bilder von Unternehmern sowie Unternehmerinnen und stärkt das unternehmerische Selbst: „Ich habe mich immer als eine Art 2. – Wahl-Unternehmer gefühlt, weil man stets den Eindruck hat, nicht ernst genommen zu werden. Da braucht man jemanden, der einem beibringt, dass ich nicht „minderwertig" bin, sondern dass die anderen (Männer) einem bestimmte Sachen nicht zutrauen, weil ihnen aus der Geschichte Frauen in diesen Positionen einfach neu sind."

Insgesamt sind in laut Angaben der Bundesregierung[17] seit 1998 über 1 Milliarde Euro zur Förderung weiblichen Unternehmertums aufgewendet worden. Dennoch konstatieren *Rolf Sternberg* und *Heiko Bergmann* zumindest noch für das Jahr 2003, dass neben fehlender Infrastruktur kulturelle Faktoren erkennbar sind „(...), die nicht unbedingt förderlich für Unternehmensgründungen von Frauen in Deutschland sind. Die Mehrheit der Experten glaubt daher nicht, dass die Gründung eines Unternehmens eine gesellschaftlich akzeptierte Form der Erwerbstätigkeit für Frauen ist. Zudem werden Frauen zu wenig ermutigt, sich selbständig zu machen."

Die Berichterstattung über Unternehmensgründungen in den Medien hat in den vergangenen Jahren zwar zugenommen, allerdings ist das Bild des typischen Unternehmensgründers nach wie vor männlich dominiert" (Sternberg / Bergmann 2003, S. 33). Deshalb erstaunt es um so mehr, dass bisher weder systematisch das Selbstbild wie das Fremdbild von Unternehmerinnen noch das Zusammenspiel dieser beiden Perspektiven erforscht worden ist. Dies bemängelt auch der „Arbeitskreis Gründung durch Frauen in NRW", welcher seit nunmehr rund 10 Jahren zum Thema arbeitet.

Um dieses Forschungsdefizit anzugehen wurde eine Studie beim Institut für Mittelstandsforschung in Bonn in Auftrag gegeben, deren erste

---

17 Vgl. Antwort der Bundesregierung auf die Kleine Anfrage der Abgeordneten Vera Dominke, Katharina Reiche, Thomas Rachel, weiterer Abgeordneter und der Fraktion der CDU/CSU – Drucksache 15/5765 2005.

Ergebnisse in dem hier vorgelegten Band veröffentlicht werden. Hier werden Zusammenhänge auf Basis großzahliger empirischer Erhebungen bei gründungsinteressierten Männer und Frauen ermittelt und diskutiert. Begleitend hat der AK „Gründung durch Frauen in NRW" im März 2004 ein erstes Expertenmeeting unter dem Motto „Klischees als Gründungsbremse. Das UnternehmerInnenbild in der Gesellschaft" durchgeführt und befindet sich im kontinuierlichen Austausch mit den Medien, um gestaltend auf das gesellschaftlich relevante UnternehmerInnenbild in Deutschland einzuwirken. Vertreterinnen des AK befinden sich als Beirätinnen des hier vorgestellten Projektes in Diskussion mit uns; ihre Redebeiträge finden sich u.a. in der hier vorgelegten Dokumentation.

Um das diagnostizierte Forschungsdefizit auch mit Hilfe qualitativer Methoden zu reduzieren, haben wir das hier dargestellte Forschungsprojekt gestartet und im Juni 2005 einen Workshop mit dem Titel „Die Vielfalt der Unternehmerschaft" veranstaltet. Dieser Workshop diente dazu, den aktuellen Forschungsstand zu reflektieren und zukünftige Forschungsperspektiven zu diskutieren. Zudem ging es darum, einen längst überfälligen disziplinenübergreifenden Diskurs mit transdisziplinärer Zielrichtung zwischen Forschenden unterschiedlicher Disziplinen und Experten und Expertinnen aus der unternehmerischen Praxis sowie den bestehenden Unterstützungsstrukturen - beispielsweise zur Unternehmensgründung - zu initiieren.[18] Hier sollten also tendenziell existierende oder sich abzeichnende Rezeptionssperren überwunden werden.

Bei der vorliegenden Aufsatzsammlung handelt es sich um die verschriftlichten Vorträge dieser oben angesprochenen Tagung. Zudem sind – um auch den Diskurs zu stärken – die anschließenden Diskussionen in den Sammelband aufgenommen worden. Abschließend formulieren *Andrea D. Bührmann* und *Katrin Hansen* einen Ausblick auf offene Fragen und mögliche Forschungsperspektiven.

Zunächst stellen *Martina Schmeink* (FH Gelsenkirchen, Abteilung Bocholt) und *Aira Schöttelndreier* (Universität Dortmund) das Forschungsprojekt „Vielfalt in der Unternehmerschaft: Facetten des Unternehmerin-

---

18 Dessen Fehlen hebt auch Heinz Klandt für den deutsch sprechenden Teil Europas als gravierenden Rückstand im Vergleich zu den USA hervor (2004: 299).

nenbildes in Deutschland",[19] seine Fragestellungen und seine For-schungsziele vor. Im Fokus steht dabei die Frage nach dem Selbstbild von Unternehmerinnen in Deutschland, ihrem Fremdbild und dem Zu-sammenspiel beider Perspektiven. Dabei wird die Notwendigkeit deut-lich, empirisch fundierte Erkenntnisse über die Faktoren und Rahmen-bedingungen zu gewinnen, die die Beteiligung von Frauen bei der Grün-dung, Weiterführung und Übernahme von Unternehmen in Deutschland fördern oder sie erschweren.

Diese Fragestellung, erläutern Schmeink und Schöttelndreier, soll aus-gehend von der folgenden zentralen Arbeitshypothese bearbeitet wer-den: Ein hegemoniales, einseitig männlich geprägtes, Unternehmerbild verhindert, dass Frauen im gleichen Ausmaße wie Männer Unterneh-men gründen, weiterführen sowie in wachsenden Unternehmen Arbeit-geberfunktion übernehmen und damit Arbeitsplätze schaffen. Zur Erfor-schung dieser komplexen Hypothese soll die Befragung von Unterneh-merinnen und ihrer Beratungs- bzw. Förderungsinfrastruktur mit einer Diskurs- bzw. Dispositivanalyse derjenigen Institutionen bzw. Organe aus Wirtschaft, Politik und Wissenschaft, in denen das Fremdbild von der Unternehmerin hervorgebracht wird, verbunden werden.

Rosemarie Kay (IfM, Bonn) beschäftigt sich in ihrem Beitrag mit den genderspezifischen Besonderheiten des bestehenden Unternehmens-bildes im Hinblick auf Gründungsinteresse, Gründungsneigung und Gründungsunterstützung in Deutschland. Die Ausgangsthese des von ihr dargestellten Projektes ist, „...dass Frauen sich in geringerem Um-fang mit einem männlich geprägten Unternehmerbild identifizieren kön-nen und diese geringere Identifikation im Zusammenwirken mit anderen Faktoren zur geringeren Gründungsneigung von Frauen beiträgt." (*Werner/Kranzusch/Kay* 2005: 4) Ihr Beitrag macht - basierend auf einer großzahligen empirischen Befragung von Gründungsgeneigten - deut-lich, dass das Unternehmer- bzw. Unternehmerinnenbild einen erhebli-chen Einfluss auf die Gründungsneigung ausübt, zumindest für diese Gruppe aber geschlechterspezifische Sondereffekte nicht beobachtet werden konnten.

In der anschließenden Diskussion werden vor allem methodische Fra-gen thematisiert und nach Ansätzen gesucht, die von Kay und ihrem

---

19 Dieses Forschungsprojekt wird von Andrea D. Bührmann und Katrin Hansen geleitet und seit Januar 2005 vom Ministe-rium für Wissenschaft und Forschung NRW gefördert.

Team mit quantitativen Methoden ermittelten Daten als Ausgangspunkt weiterer, qualitativ orientierter, Studien zu nutzen. Diesen Gedanken werden wir im abschließenden Kapitel des hier vorgelegten Buches aufgreifen und näher beleuchten.

Anders als Kay setzen sich *Friederike Welter* (Universität Siegen / RWI Essen) und *Leona Achtenhagen* (Jönköping International Business School/Schweden) mit dem Selbst- und Fremdbild von Unternehmerinnenbild und Unternehmerinnenidentität auseinander. Dabei zeigen sie mit Hilfe einer diskurstheoretisch orientierten Medienanalyse, dass die bundesdeutsche Presse in ihrer Berichterstattung über Unternehmerinnen vielfach stereotypisierende Bilder benutzt. Wie etwa, wenn von der Unternehmerin Jil Sander als „Magnolie aus Stahl" gesprochen wird. Das Problem einer solchen Berichterstattung, so führen Welter und Achtenhagen weiter aus, besteht nun in einer eingeschränkten Berichterstattung', die wiederum eine ,eingeschränkte Unternehmerinnenidentität' transportiert. Denn der Mediendiskurs reduziere das weibliche Unternehmerinnentum auf Abweichungen von der gesellschaftlichen Norm, interpretiere Unternehmerinnentum als Zusatzrolle zu den tradierten weiblichen Geschlechtsrollen als Mutter, Ehefrau und Hausfrau, präsentiere erfolgreiche Unternehmerinnen in einer vereinfachenden Betrachtung und orientiere sich schließlich mit der Betonung von Persönlichkeitsmerkmalen an überholten Trends der Gründungsforschung.

Dieses Ergebnis ist deswegen besonders wichtig, weil neuere Forschungsbefunde darauf verweisen, dass das medial vermittelte Bild von Unternehmerinnen bzw. Gründerinnen durchaus das faktische unternehmerische Engagement von Frauen beeinflussen. Deshalb beschließen Welter und Achtenhagen ihren Beitrag mit dem Appell, bestehende Kommunikationsdefizite zwischen (Beratungs-)Praxis und Gründungsforschung aufzuarbeiten, um das medial vermittelte Bild der Unternehmerin der faktischen Vielfalt unternehmerischen Tätigkeiten von Frauen anzupassen.

René Leicht und *Maria Lauxen-Ulbrich* (IFM Mannheim) gehen in ihrem Beitrag der Frage nach, inwieweit bestimmte Aspekte der geschlechtsspezifischen Rollen- und Arbeitsteilung Einfluss auf die Entfaltung unternehmerischer Aktivitäten nehmen.[20] Insbesondere betrachten sie in

---

20 Dieser Beitrag konnte leider auf der hier dokumentierten Tagung nicht gehalten werden, da René Leicht und Maria Lau –

diesem Zusammenhang Arbeitserfahrung und berufliche Kenntnisse als zentrale Ressourcen für den Schritt in die Selbständigkeit sowie Lebensform und Familienverantwortung. Leicht und Lauxen-Ulbrich nutzen Daten der repräsentativen jährlichen Mikrozensuserhebung des statistischen Bundesamtes, um Zeitreihen analysieren zu können. Ihre Ergebnisse machen deutlich, dass neben der Ausstattung mit Humanressourcen ein wesentlicher Faktor der „gender gap" in der geschlechterspezifischen Segregation der Berufsfelder zu sehen ist: „Für Frauen, die in einem Frauenberuf arbeiten, reduzieren sich die Gelegenheiten drastisch, selbständig zu werden." Die Familienverantwortung spielt eine weniger eindeutige Rolle. Wird diese einerseits immer wieder als Hemmschwelle diskutiert, so zeigt dieser Beitrag, dass Familienverantwortung sogar förderlich für die Selbständigkeit sein kann. Die Autorin und der Autor kommen zu dem Schluss, dass die Weichen zur beruflichen Selbständigkeit bereits frühzeitig gestellt werden und sich daher erst längerfristig etwas zum Positiven verändern wird.

Schließlich thematisiert *Michael-Burkhard Piorkowsky* (Universität Bonn) die institutionellen Einflüsse auf das Selbst- und Fremdbild von Unternehmern und Unternehmerinnen. Er analysiert die dominierende Orientierung der Gründungskultur und erkennt sie als einseitig am Gründungstyp „Mann, Vollerwerb, produzierendes Gewerbe, KMU" ausgerichtet. Piorkowsky fragt sich: „Wie kommt das traditionelle industrielle Paradigma in die Köpfe der Gründungsförderer?" Als wesentliche Einflussbereiche identifiziert er Erfahrung aus eigener Anschauung, die Massenmedien und die Wirtschaftslehre, wobei er letztere hinsichtlich der drei Lehrbereiche mikroökonomische Theorie, das Schumpetersche Werk und die schulische Wirtschaftslehre näher untersucht. Das hier vermittelte traditionelle Unternehmerbild geht für Piorkowsky von einer starren Abgrenzung zwischen Haushalten und Unternehmen, damit verbunden unterschiedlichen Rollen von Konsumierenden und Produzierenden sowie genderspezifischen Rollenzuweisungen aus. Dieses Unternehmerbild entspricht nach Piorkowsky nicht den aktuellen Gegebenheiten, die vielmehr durch unterschiedliche Muster „neuer" Selbständigkeit gekennzeichnet sind.

---

xen-Ulbrich terminlich verhindert waren. Wir dokumentieren ihren Text aber dennoch in diesem Band, da er uns inhaltlich unverzichtbar erscheint, um die Diskussion um die Chancen weiblichen Unternehmertums mit den Aspekten beruflicher Orientierung und Lebensstil abzurunden.

Welche inhaltlichen Forschungsperspektiven und methodisch-methodologischen Erfordernisse sich aus dem hier mit diesen Beiträgen illustrierten Forschungsstand für die Frage nach dem Selbst und Fremdbild von Unternehmerinnen ergeben, diskutieren Bührmann und Hansen abschließend.

Literatur

Achtenhagen, L./**Welter**, F.: Female entrepreneurship as reflected in German media from 1995 – 2001, paper to the ICSB world conference June 2003 (unveröffentlichtes Manuskript)

Ahl, H.J. The Making of the female entrepreneur: A discourse analysis of research texts on women's entrepreneurship, Jönköpping 2002

Arum, R./**Müller**, W. (2004): Self-Employment Dynamics in Advanced Economies. In: Arum, R., Müller, W., The Reemergence of self-Employment, Princeton and Oxford, p.1 - 35

Antwort der Bundesregierung auf die Kleine Anfrage der Abgeordneten Vera Dominke, Katharina Reiche, Thomas Rachel, weiterer Abgeordneter und der Fraktion der CDU/CSU – Drucksache 15/5765 – Situation der Frauen in Wissenschaft und Forschung, Berlin 12.07.2005

Arthur,M.B./**Rousseau**,D.M.: Introduction: The Boundaryless Career as a New Employment Principle. In: Arthur, M. B. Rousseau, Denise M. (edts): The Boundaryless Career. A New Employment Principle for a New Organizational Era. New York and Oxford 1996: 3 - 20.,

Bandhauer-Schottmann, I./**Bendl**, R. (Hg.): Unternehmerinnen: Geschichte und Gegenwart, Frankfurt a. M. 2000

Beck, Ulrich (1986): Risikogesellschaft. Auf dem Weg in eine andere Gesellschaft, Frankfurt a. M.

Beck, Ulrich/**Lau**, Christoph (Hg.) (2004): Entgrenzung und Entscheidung: Was ist neu an der Theorie reflexiver Modernisierung? Frankfurt a. M.: Suhrkamp-Verlag

Boltanski, Luc/**Chiapello**, Ève (1999): Le nouvel Èsprit du Capitalisme, Paris.

Bröckling, U. (2002): Das unternehmerische Selbst und seine Geschlechter. Gender-Konstruktionen in Erfolgsratgebern, in: Leviathan, Jg. 48, H. 2, S. 175 - 194

Bröckling, U./**Krasmann**, S./**Lemke**, Th. (Hg.): Gouvernementalität der Gegenwart. Studien zur Ökonomisierung des Sozialen, Frankfurt a. M. 2000

Bröckling, U./**Krasmann**, S./**Lemke, Th.** (Hg.) (2004): Glossar der Gegenwart, Frankfurt a. M.: Suhrkamp-Verlag

Bührmann, Andrea D. (2004): Der Kampf um ‚weibliche Individualität'. Ein Beitrag zur Analyse des (Trans-)Formierungsgeschehens moderner Subjektivierungsweisen im Deutschland um die Jahrhundertwende, Münster.

Bührmann, Andrea. D.: Wir sind weit weniger Griechen als wir glauben. Überlegungen zum Projekt einer kritischen Geschlechterforschung, in:

Demirovic, A. (Hg.): Modelle kritischer Gesellschaftstheorie. Traditionen und Perspektiven der Kritischen Theorie, Stuttgart / Weimar 2003, S. 247 – 265

Bundesministerium für Wirtschaft und Arbeit (BMWA) (Hg.): Unternehmerinnen in Deutschland. Gutachten im Auftrag des BMWA, Redaktion: Institut für Mittelstandsforschung, Redaktion: U. Backes-Gellner, U. und R. Kay, Berlin 2003

Burkart, Günter/**Kohli**, Martin (1992): Liebe, Ehe, Elternschaft. Die Zukunft der Familie, München / Zürich

De, Dennis. A. : Entrepreneurship. Gründung und Wachstum von kleinen und mittleren Unternehmen. München 2005

Fehrenbach, S / Leicht, R: Strukturmerkmale und Potentiale der von Frauen geführten Betriebe in Deutschland. Veröffentlichungen des Instituts für Mittelstandsforschung der Universität Mannheim, Grüne Reihe 47, Mannheim 2002

Foucault, Michel (1994a): Das Subjekt und die Macht, in: Dreyfus, Hubert L./ Rabinow, Paul: Michel Foucault. Jenseits von Strukturalismus und Hermeneutik, Weinheim: 2. Aufl. Beltz: Verlag, S. 243 – 264

Foucault, Michel (1994b): Zur Genealogie der Ethik: Ein Überblick über die laufenden Arbeiten, in: Dreyfus, Hubert L./Rabinow, Paul: Michel Foucault. Jenseits von Strukturalismus und Hermeneutik, Weinheim: 2. Aufl. Beltz: Verlag, S. 265 - 310

Friedrichs, Jürgen (Hg.) (1998): Die Individualisierungsthese, Opladen

Giddens, Anthony: Jenseits von Links und Rechts. Die Zukunft radikaler Demokratie, Frankfurt a. M. 1997

Giddens, Anthony (1995): Die Konstitution der Gesellschaft: Grundzüge einer Theorie der Strukturierung, Frankfurt a. M./New York.

Goshal, S./**Bartlett**, C. A./**Moran**, Peter: Value Creation: The New Millenium Management Manifesto. In: Chowdhury, Subir et al.: Management 21C, Harlow 2000

Gottschall, Karin (1999): Freie Mitarbeit im Journalismus. Zur Entwicklung von Erwerbsformen zwischen selbständiger und abhängiger Arbeit, in: Kölner Zeitschrift für Soziologie und Sozialpsychologie, 51. Jg. S. 635 – 654

Greco, M.: Psychosomatic subjects and the duty to be well: personal agency within medical rationality, in: Economy and society, Vol. 22, No. 3, 1993, S. 357 - 372

Hansen, Katrin: Die USA – Eldorado für Gründerinnen und Unternehmerinnen? In: DtA (Hg.) Wirtschaftsfaktor Unternehmerin. Unternehmerisches Potenzial von Frauen besser nutzen, Bonn 2001, S. 25 - 35

Hansen, K./**Tovar** G.: Evaluationsbericht "TWIN-Projekt", unveröff. Manuskript, Bocholt 2005

Horkheimer, M./**Adorno,** Th. W. [1944]: Dialektik der Aufklärung. Philosophische Fragmente, in: Horkheimer, M.: Gesammelte Schriften 5, Frankfurt a. M. 1997

Institut für Mittelstandsforschung (IfM): Gender-spezifische Aufbereitung der amtlichen Statistik: Möglichkeiten respektive Anforderungen. Materialien zur Gleichstellungspolitik 82/2001, Bonn 2001

Jurczyk, Karin (2002): Entgrenzung von Arbeit und Gender – Neue Anforderungen an die Funktionslogik von Lebensführung, in: Weihrich, Margit/Voß, Günter (Hg.): tag für tag. Alltag als Problem – Lebensführung als Lösung? Neue Beiträge zur Soziologie alltäglicher Lebensführung2. München: Mering S. 95 – 115

Ketchen, David J. Jr/**Snow,** Charles C/**Hoover,** Vera L.: Improving Firm Performance by Matching strategic Decision-Making Processes to Competitive Dynamics. In: Academy of Management Executive 18 (4) 2004: 29 - 43

Klandt, H. (2004): Entrepreneurship education and Research in German-Speaking Europe. In: Academy of Management Learning & Education 3 (3), p. 293 - 301

Kontos, Maria: Erwerbswirtschaftliche Selbständigkeit von Migrantinnen, in: Apitzsch, U./Jansen, M.M. (Hg.): Migration, Biographie und Geschlechterverhältnisse, Münster 2003, S. 111 - 142

Kraft, Susanne (1992): Modernisierung und Individualisierung. Eine kritische Analyse ihrer Bestimmungen, Regensburg

Lauxen-Ulbrich, Maria/**Leicht,** René: Entwicklung und Tätigkeitsprofil selbständiger Frauen in Deutschland. Eine empirische Untersuchung anhand der Daten des Mikrozensus. Veröffentlichungen des Instituts für Mittelstandsforschung, 46, Mannheim 2002

Lohmann, H./**Luber,** S. (2004): Tends in Self-Employment in Germany: Different Types, Different Developments? In: Arum, R./Müller, W., The Reemergence of self-Employment, Princeton and Oxford, p. 36 - 74

Lohr, Karin/**Nickel,** Hildegard Maria (Hg.) (2005): Subjektivierung von Arbeit. Riskante Chancen, Münster

Miles, R. E./**Snow,** C. C.(1996):Twenty-First-Century Careers. In: Arthur, Michael B. Rousseau, Denise M. (edts): The Boundaryless Career. A New Employment Principle for a New Organizational Era Boston: 97 - 115

Miller, Peter/**Rose,** Niklas: Production, Identity, and Democracy, in: Theorie and Society, Vol 24, 1995, S. 427 - 467

Minniti, Maria A./**Arenius**, Pia/**Langowitz**, Nan (2005): Global Entrepreneurship Monitor 2004. Report on Women and Entrepreneurship, Babson College and London Business School

Opitz, Sven (2004): Gouvernementalität im Postfordismus. Macht, Wissen und Techniken des Selbst im Feld der unternehmerischen Rationalität, Hamburg

Pannenberg, M.: Zunehmende Selbständigkeit in Deutschland von 1990 und 1996, in: DIW-Wochenbericht 38, S. 687 – 691, Berlin 1998

Pieper, M./**Gutiérrez Rodriguez**, E. (Hg.): Gouvernmentalität. Ein sozialwissenschaftliches Konzept im Anschluss an Foucault, Frankfurt a. M. 2003

Pietiläinen, T.: Gender and female entrepreneurship in a pro-entrepreneurship magazine. Swedish school of economics and business administration, working paper 458, Stockholm 2001

Piorkowsky, Michael-B.: Existenzgründungsprozesse im Zu- und Nebenerwerb von Frauen und Männern: Eine empirische Analyse der Bedingungen und Verläufe bei Gründungs- und Entwicklungsprozessen von Unternehmen unter besonderer Berücksichtigung genderspezifischer Aspekte, Bonn 2001

Piorkowsky, M.-B./**Scholl**, S.: Genderaspekte in der finanziellen Förderung von Unternehmensgründungen. Eine qualitative und quantitative Analyse der Programme auf Bundesebene – unter besonderer Berücksichtigung der Gründung durch Frauen, Bonn 2002

Bundesministeriums für Wirtschaft und Arbeit (BMWA): Pressemitteilung: Bundesweite Agentur für Gründerinnen eröffnet, Berlin den 05.03.2004

Pringle, J. K./**Wolfgramm**, R. (2005): Ethnicity and gender in women's businesses in New Zealand,. IN: Fielden, S. L., Davidson, M. J. (edts.), International Handbook of Women and Small Business Entrepreneurship, Cheltenham and Northampton, p. 133 - 147

Pühl, K. (2003): Der Bericht der Hartz-Kommission und die ‚Unternehmerin ihrer Selbst‘: Geschlechterverhältnisse, Gouvernementalität und Neoliberalismus, in: Pieper, M./Gutiérrez Rodriguez, E. (Hg.): Gouvernmentalität. Ein sozialwissenschaftliches Konzept im Anschluss an Foucault, Frankfurt a. M., S. 111 - 135

Ragins, B. R. (1997): Diversified Mentoring Relationships in Organizations: A Power Perspective. *Academy of Management Review*, 22 (2): 482 – 521.

Reich, R. R. (1999): Entrepreneurship Reconsidered: The Team as Hero. In: Sahlmann, William et al (edts.). The Entrepreneurial Venture, second edition. Boston, p. 23 – 34 (originally published 1987 in Harvard Business Review)

Rerrich, Maria S. (2002): „Bodenpersonal im Globalisierungsgeschehen". Illegale Migrantinnen als Beschäftigte in deutschen Haushalten, in: Mittelweg 36. Zeitschrift des Hamburger Instituts für Sozialforschung. 11. Jg. Oktober/November, Hamburg: Hamburger Edition HIS S. 4 - 23

Schumann, Michael/**Kuhlmann**, Martin/**Sanders**, Frauke/**Sperling**, Hans Joachim (2005): Anti-tyloristisches Fabrikmodell – Auto 5000 bei Volkswagen, in: WSI-Mitteilungen 1/2005, S. 3 - 10

Schumpeter, J. [1911]:Theorie der wirtschaftlichen Entwicklung, 8. Auflage, Tübingen 1993

Statistisches Bundesamt, 2002: Leben und Arbeit in Deutschland: Ergebnisse des Mikrozensus, Wiesbaden 2002

Sternberg, R./**Bergmann**, H. (2003): Global Entrepreneurship Monitor. Länderbericht Deutschland 2002, Köln

Voß, G./ **Pongratz**, H. J: Der Arbeitskraftunternehmer. Eine neue Grundform der Ware Arbeitskraft? In: Kölner Zeitschrift für Soziologie und Sozialpsychologie, 50. Jg. 1998, S. 131 - 158

Voß, G./**Weiß**, C. (2005): Ist der Arbeitskraftunternehmer weiblich? In: Lohr, Karin/Nickel, Hildegard Maria (Hg.): Subjektivierung von Arbeit. Riskante Chancen, Münster, S. 65 - 91

Wagner, A./**Schuldt**, K.: Arbeitsmarktpolitische Reformen im Kontext der Vorschläge der Hartz-Kommission – Chancen und Risiken für den ostdeutschen Arbeitsmarkt. Ein Kurzgutachten im Auftrag der Otto-Brenner-Stiftung und der Hans-Böckler-Stiftung, Berlin / Teltow 2003

Weber, Max (1920): Die protestantische Ethik und der Geist des Kapitalismus, in: Weber, M.: Gesammelte Aufsätze zur Religionssoziologie I, Tübingen 1988

Weick, K. E. (1996): Enactment and the Boundaryless Career: Organizing as We Work. In: Arthur, M. B. Rousseau, Denise M. (edts): The Boundaryless Career. A New Employment Principle for a New Organizational Era. New York and Oxford, p. 40 - 57.

Welter, F./**Lageman**, B. unter Mitarbeit von **Stoytcheva**, M.: Gründerinnen in Deutschland: Potenziale und institutionelles Umfeld. Untersuchungen des RWI, Essen 2003

Werner, A./**Kranzusch**, P./**Kay**, R. (2005): Die Bedeutung des Unternehmerbildes für die Gründungsentscheidung – genderspezifische Analysen. Schriften zur Mittelstandsforschung Nr. 109 NF, Bonn

Wunderer, R.: Führung – quo vadis? Die zentralen Entwicklungstrends in zehn Thesen, in: Zeitschrift für Personalführung 6/ 1995, S. 480 – 486

Wunderer, R./**Dick**, P. (2002): Sozialkompetenz – eine unternehmerische Schlüsselkompetenz. In: Die Unternehmung 56 (6), S. 361

Martina Schmeink/ Aira Schöttelndreier

Facetten des Unternehmerinnenbildes – Die Untersuchung des Selbst- und Fremdbildes von Unternehmerinnen in Deutschland.

1. Zielsetzung und gesellschaftspolitische Bedeutung des Forschungsprojektes

Das Ziel des Forschungsprojektes „Vielfalt in der Unternehmerschaft: Facetten des Unternehmerinnenbildes in Deutschland" ist es, empirisch fundierte Erkenntnisse über die Faktoren und Rahmenbedingungen zu gewinnen, die die Beteiligung von Frauen bei der Gründung, Weiterführung und Übernahme von Unternehmen in Deutschland fördern oder sie erschweren. Hierbei liegt der Focus auf der bisher nicht erforschten Frage nach dem Selbstbild von Unternehmerinnen in Deutschland, ihrem Fremdbild und dem Zusammenspiel beider Perspektiven. Ausdrücklich will das Projekt die soziologischen Fragestellungen unternehmerischen Handelns mit den betriebswirtschaftlichen Aspekten der Unternehmensforschung in Verbindung bringen, um dem interdisziplinären Charakter dieser Fragestellung Rechnung zu tragen.

Die Erforschung des Selbst- wie auch des Fremdbildes von Unternehmern und Unternehmerinnen erfordert außerdem eine Betrachtung unter Genderaspekten. Vor allem die Tatsache, dass in Deutschland trotz gestiegener Anzahl von Gründerinnen/ Unternehmerinnen der „gender gap" – also die zahlenmäßige Unterrepräsentanz von Frauen bei den Selbständigen – annähernd gleich geblieben ist, unterstreicht die Bedeutung der genderspezifischen Faktoren in der Forschung zum Unternehmertum.[1]

Die Fragestellung zum unternehmerischen Selbst- und Fremdbild, seiner Entstehung und Entwicklung sowie den Wechselwirkungen zwischen den Perspektiven wird ausgehend von der folgenden zentralen Arbeitshypothese bearbeitet:

---

1 Mit diesem Projekt fördert das Ministerium für Wissenschaft und Forschung NRW einen Bereich der Unternehmer-Innenforschung, der noch deutliche Defizite aufweist.

Ein hegemoniales, einseitig männlich geprägtes Unternehmerbild verhindert, dass Frauen im gleichen Ausmaß wie Männer Unternehmen gründen, weiterführen und in wachsenden Unternehmen Arbeitgeberfunktion übernehmen und damit Arbeitsplätze schaffen.

Diese Hypothese entstand u.a. aus Erfahrungsberichten, die auf wissenschaftlichen Tagungen und Kongressen, aber auch in Experten- bzw. Expertinnenrunden immer wieder zu hören sind: Hier wird konstatiert, dass eine vielfach als störend empfundene Diskrepanz zwischen den unternehmerischen Aktivitäten von Frauen und ihrem Selbstbild als Unternehmerin festzustellen ist.

Im Rahmen des Forschungsprojekts „Vielfalt in der Unternehmerschaft: Facetten des Unternehmerinnenbildes in Deutschland" soll zum einen über die Befragung von Unternehmern und Unternehmerinnen und ihrer Beratungs- bzw. Förderinfrastruktur sowie zum anderen über eine Diskurs- bzw. Dispositivanalyse derjenigen Institutionen bzw. Organen aus Wirtschaft, Politik und Wissenschaft, in denen das Fremdbild der Unternehmerin bzw. des Unternehmers hervorgebracht wird, die oben genannte Hypothese beforscht werden. Ausgehend von den Ergebnissen dieser Befragungen bzw. Analysen sollen dann Hinweise für eine Steigerung der Unternehmerinnenquote in Deutschland formuliert werden. Diese können die insbesondere seit 1998 vermehrt in Deutschland zu verzeichnenden politischen Anstrengungen zur Erhöhung der Gründerinnen- bzw. Unternehmerinnenquote auf kommunaler und regionaler, aber auch auf Länder- und Bundesebene unterstützen.

2. Zum Stand der Forschung

Mittlerweile ist die Frage, weshalb Menschen Unternehmen gründen, breit diskutiert worden: Die Positionen reichen hier von der Unternehmerpersönlichkeit *Schumpeterscher* Prägung, bei der eine Gegebenheit des Unternehmertums postuliert wird, über die These von der Leistungsmotivation, wie sie etwa *Talcott Parsons* (1940) und *David McClelland* (1961) konzipiert haben, bis hin zur so genannten Benachteiligungsthese.
Hier differenziert *Dieter Bögenhold* (1987) zwei Typen:
- die Motivation zur Selbständigkeit aus der Not, als Prototypen gelten hier bspw. Migranten und Migrantinnen;

- die Motivation aus dem Bedürfnis nach Selbstverwirklichung, als charakteristisch gelten hier Frauen, die Emanzipationsprojekten nachgehen.[2]

Ein anderer Diskussionsstrang stellt die Untersuchung von Einflussfaktoren auf die Entscheidung zur Selbständigkeit in den Mittelpunkt des Forschungsinteresses: Dabei wird in verschiedenen, allerdings quantitativ orientierten Untersuchungen (vgl. dazu etwa L*aferrére* 1999; *Pfeiffer*. 1994; *Raijman/ Tienda*: 2000), deutlich, dass das Umfeld von Unternehmerfamilien und die Erwerbstätigkeit in Kleinunternehmen auf die unternehmerische Rolle und Funktion hin sozialisierend wirken. Diese Kontakte ermöglichten Identifikationsprozesse bei den Akteuren und Akteurinnen, die ihnen die eigene Selbständigkeit als mögliche Erwerbsoption nahe brächten.

Biographische Einflüsse auf den Erfolg von Unternehmerinnen bestätigt auch die Untersuchung von *Löhr-Heinemann* (2005). Sie konstatiert eine maßgebliche Beteiligung des Herkunftsmilieus und des Sozialisationsverhalten der Mütter am Erfolg der unternehmerischen Aktivitäten von Frauen. Allerdings wird keine Aussage über den Einfluss familialer Konstellationen bei Männern getroffen, da sich die Untersuchung ausschließlich auf Unternehmerinnen bzw. gescheiterte Unternehmerinnen beschränkt.

Carola Groppe zeigt in ihrer bildungshistorischen Forschungsarbeit über eine Unternehmerdynastie von 1649 bis 1922, dass erfolgreiche innerfamiliäre Unternehmensnachfolge als Ergebnis von Sozialisations- und Bildungsprozessen gelten kann (vgl. Groppe: 2004).

Weitere Studien beschäftigen sich mit der Frage, weshalb Frauen weniger bereit bzw. geneigt sind, Unternehmen zu gründen. Diese Untersuchungen stellen fest, dass Frauen durch die Zuschreibung der Hauptverantwortung für Haushalt und Kindererziehung (vgl. *Gustafsson/ Wetzel*: 1997) und die damit verbundene Ideologie einer traditionellen Arbeitsteilung (vgl. hierzu zusammenfassend auch *Diezinger*. 2000) oder zum Beispiel durch das frauendiskriminierende Steuersystem (vgl. Gustafsson/ Wetzel: 1997) an der Gründung eines Unternehmens gehindert

---

2 Dieter Bögenhold spricht in diesem Zusammenhang von der „Ökonomie der Not" bzw. der „Ökonomie der Selbstverwirklichung" (Bögenhold 1987, S.8).

werden oder erschwerten Bedingungen unterliegen.[3] Zudem aber auch deutlich geworden, dass Frauen eher kleine, überschaubare Unternehmen gründen und weniger zur Expansion neigen (vgl. dazu etwa *Bendl / Riedl* 2000; BMWA: 2003; *Hodenius*: 1997; OECD: 1998).

Zu den Gründungseinstellungen in Deutschland wird im Global Entrepreneurship Monitor 2004 festgestellt, dass die Angst zu scheitern bei Frauen ein größeres Hemmnis bei der Entscheidung zur Unternehmensgründung darstellt als bei Männern. Gleichzeitig schätzen Frauen im Vergleich zu Männern sowohl die Rahmenbedingungen als auch die eigenen Kompetenzen für den Erfolg einer Unternehmensgründung schlechter ein (*Sternberg/ Lückgen*: 2004, S. 22/ 23). Weiterhin sind auch die Motive untersucht worden, weshalb Frauen Unternehmen gründen. Zudem sind im Rahmen eines EU–Forschungsprojektes (vgl. *Apitzsch/ Kontos/ Kreide*: 2001) die Entstehung von erwerbswirtschaftlicher Selbständigkeit in Deutschland, die Bedingungen ihres Erfolgs oder Scheiterns unter nicht privilegierten Personengruppen sowie die Auswirkungen von Fördermaßnahmen auf das Gründungsgeschehen und die Selbständigkeit erforscht worden.

Hier kommen *Ursula Apitzsch, Maria Kontos* und *Regina Kreide* unter anderem zu dem Schluss, dass die Motivation zur erwerbswirtschaftlichen Selbständigkeit vieler Frauen in der Neuorientierung und berufsbiographischen Neugestaltung liegt (vgl. auch Kontos: 2003). Dabei wird der Eintritt in die Selbständigkeit als aktiver Schritt in die Planung der eigenen Biografie gedeutet. Dass Frauen diesen Schritt sowohl von anderen Motiven, Gelegenheiten und Ressourcen als auch Restriktionen abhängig machen als Männer, stellen *René Leicht* und *Maria Lauxen-Ulbrich* in ihrer Untersuchung zur Entwicklung und zu Determinanten von Frauenselbständigkeit in Deutschland fest (2005). Die in dieser Untersuchung identifizierten Einfluss- und Interventionsfelder legen nahe, dass die Förderung „der Entfaltung unternehmerischer Aktivitäten bereits zu einem frühen Zeitpunkt, insbesondere in der Phase der Sozialisation und beruflichen Orientierung angegangen werden muss". (Leicht/Lauxen-Ulbrich:2005, S. 147) Das hegemoniale Bild vom

---

3 So heißt es in dem Gutachten des BMWA (2003, S.152f): „Es hat sich gezeigt, dass Unternehmer/innen, die von ihrem (Ehe)- Partner in anderen Lebensbereichen (Haushalt, Kindererziehung) unterstützt werden bzw. deren (Ehe-)Partner tagsüber die Betreuung betreuungspflichtiger Kinder übernimmt, mit geringerer Wahrscheinlichkeit ein Frauenunternehmen führen".

Beruf des Unternehmers, der nach wie vor mit männlichen Attributen in Verbindung gebracht wird (*Noelle-Neumann/Köcher*:2002) scheint hier als kultureller Einflussfaktor eine entscheidende Rolle zu spielen. So stellt eine Studie des IfM-Bonn zur Bedeutung des Unternehmerbildes für die Gründungsentscheidung fest, dass die Wirkung von Geschlechterstereotypen durchaus ernst zu nehmen ist. Das heißt, die Identifikationsfähigkeit mit der Unternehmerinnen- bzw. Unternehmerrolle ist im gesamten Gründungsprozess – von der Gründungsneigung bis zu ihrer Realisation – bedeutungsvoll (*Werner/ Kranzusch/ Kay*: 2005, S. 75).

Die Frage, wie Unternehmerinnen in den deutschen Medien gesehen bzw. dargestellt werden, beschäftigte *Friederike Welter* und *Leona Achtenhagen* in ihrer Analyse namhafter westdeutscher Tages- bzw. Wochenzeitungen (2003). Diese ergab, dass Unternehmerinnen zum einen nicht auf den Wirtschaftsseiten, sondern im Kultur- und Gesellschaftsteil platziert werden. Zum anderen werden sie nicht in erster Linie ob ihres wirtschaftlichen Erfolges, sondern für ihre gelungene Verbindung von Familie und Selbständigkeit gewürdigt. Unternehmerinnen sind im Mediendiskurs immer noch eine Ausnahmeerscheinung (siehe auch Beitrag Friederike Welter in diesem Band).

Wie jedoch sehen sich Frauen selbst im Prozess zwischen dem Entschluss zur unternehmerischen Selbständigkeit bis zur Gründung, Übernahme oder Weiterführung eines Unternehmens? Welche Rolle spielen hier z.B. staatliche Programme, aber auch Leitbilder aus der Personalentwicklung oder von beratenden Institutionen, Organisationen oder Expertinnen bzw. Experten?
Ab welchem Zeitpunkt verstehen sich Frauen selbst z.B. als ‚erfolgreiche' Unternehmerinnen? Und wie werden sie von anderen, an diesen Prozessen beteiligten, Akteurinnen und Akteuren, gesehen? Bisher mangelt es an Untersuchungen, die sich mit diesen Fragen auseinandersetzen. So ist der Wirkungszusammenhang zwischen den programmatisch formulierten Leitbildern von Unternehmerinnen und der individuellen Aneignung dieser Leitbilder durch Unternehmerinnen bisher nicht untersucht worden. Es existieren bisher nur zwei Studien, die das Fremdbild der Unternehmerin thematisieren.

Mit Gender-Konstrukten in Erfolgsratgebern befasst sich *Ulrich Bröckling* in seiner Untersuchung. Das unternehmerische Selbst scheint in diesen Bänden „kein Geschlecht zu haben" (Bröckling: 2002, S. 184). Dennoch wird das weibliche Geschlecht, so konstatiert Bröckling, erneut markiert, da diese Erfolgsratgeber suggerieren, eine Frau habe als „angehende Selbstunternehmerin mit anderen Problemen zu kämpfen und sich deshalb anderer Strategien und Taktiken zu bedienen hat als ein Mann". (ebd.) Konsequenterweise wird Frauen deshalb nahe gelegt, spezielle Übungen zu absolvieren. „Unternehmerisches Selbst" bedeutet in diesem Zusammenhang, dass das Individuum sich nicht nach den Maßgaben eines "authentischen Kerns", den es zu entdecken und zu bewahren gilt, sondern entsprechend ökonomischen Effizienzkriterien wahrnimmt, erlebt und handelt (*Bührmann*: 2005a).

Eine zweite Untersuchung befasst sich mit den Auswirkungen der Hartz-Gesetze auf die bestehenden Geschlechterverhältnisse. *Katharina Pühl* (2003) stellt fest, dass Frauen im Rahmen der Hartz-Gesetze zwar geschlechtsneutral als ‚Unternehmerinnen ihrer Selbst' aufgerufen werden (dies gilt genauso für Männer), die bestehenden Strukturen der geschlechtsspezifischen Arbeitsteilung werden jedoch außer Acht gelassen. Dies gilt für die de facto Zuständigkeit von Frauen für Haushalt und Kindererziehung ebenso wie für die Benachteiligung der Frauen auf dem Arbeitsmarkt. Diese Ausblendungen führten aber zu einer Diskriminierung von Frauen. Vordergründig suggerieren die Hartz-Gesetze also ein geschlechtsneutrales Bild unternehmerischer Tätigkeit, das durch die Wirkung der Gesetze gleichzeitig konterkariert wird. Hieraus ergibt sich die Frage, welchen Einfluss diese neuen Subjektivierungsweisen auf das unternehmerische Fremd- und Selbstbild haben.

Mit dem Selbstbild von Unternehmerinnen beschäftigt sich dagegen *Dorothy Moore* (2000). Sie interviewte ca.100 Unternehmerinnen in den USA, um zu erforschen, welche Umstände Frauen zu erfolgreichen Unternehmerinnen machen. Sie stellt dabei u.a. eine ‚gute' Schulbildung, Arbeitserfahrung in dem Bereich, in dem das Unternehmen gegründet worden ist, das ‚learning on the job' sowie die Unterstützung durch Netzwerke als bedeutsam heraus. In Bezug auf die Unternehmerinnen selbst unterscheidet Moore eine Vielzahl unterschiedlicher Unternehmerinnentypen (‚Types of Careerpreneurs'): Die Bandbreite reicht von Frauen, die immer schon Unternehmerin werden wollten (‚intentional Entrepreneurs') über Frauen, deren Ehemann ein Unternehmen besessen hat ('Copreneurs') bis hin zu Frauen, die sich von einer Unternehmensgründung einen Karrieresprung erhofften ('Mavericks'). Allerdings sind diese Typen – schon wegen der in der Forschung immer wieder hervorgehobenen Differenzen zwischen der US-amerikanischen und der bundesdeutschen Unternehmenskulturen – nicht eins zu eins auf die bundesrepublikanischen Verhältnisse zu übertragen (vgl. dazu BMWA: 2003, S. 181ff). Die Ergebnisse der Studie von Moore können allerdings als Ausgangspunkt für eine Erforschung des Selbst- und Fremdverständnisses von Unternehmerinnen in Deutschland dienen.

Eine Typologie deutscher Unternehmerinnen hat *Birgit Hodenius* entwickelt. In einer Untersuchung zur weiblichen Selbständigkeit in Deutschland differenziert sie vier Typen von Unternehmerinnen und ihr jeweiliges Selbstverständnis (Birgit Hodenius: 1997). Die von Hodenius beschriebene „familienorientierte" Unternehmerin organisiert und führt ihr Unternehmen als solidarischen Familienverband nach der Maßgabe ‚sozial' statt ‚ökonomisch-rational' (Hodenius: 1997, S. 292) und stellt den persönlichen Lebensentwurf in den Vordergrund ihres Handelns. Auch bei dem Typus der „berufsorientierten" Unternehmerin spielt die Realisierung des eigenen, weiblich geprägten, Lebensentwurfs die Hauptrolle, da der ökonomische Erfolg als nachrangig zur gesellschaftlichen Akzeptanz als Frau gesehen wird. (ebd., S. 295) Dagegen ist der „konventionelle" Typus durch die Priorisierung unternehmerischer Belange gekennzeichnet. Dieser Typus wird von Hodenius im Gegensatz zu den anderen Typen als nicht geschlechtspezifisch identifiziert. (ebd., S. 296)

Die „professionell-emanzipatorische" Unternehmerin schließlich zeichnet sich einerseits durch professionelle Erwerbsorientierung aus, andererseits „sieht sie ihre Arbeit als Teil eines „Kampfes" zur Überwindung geschlechtlicher Diskriminierungen." (ebd., S. 297) Dieser Typus betont also seine Emanzipationsaufgabe aus der Unternehmerinnenrolle heraus.

2.1. Forschungsfragen und Hypothesen

Der Untersuchung des Selbstbildes von Unternehmerinnen, ihrem Fremdbild und dem Zusammenspiel beider Perspektiven liegen verschiedene Hypothesen zugrunde. Eine dieser Hypothesen besagt, dass das noch immer hegemonial erscheinende Schumpetersche Bild des Unternehmers der faktischen Heterogenität in Bezug auf die unternehmerische Selbständigkeit nicht gerecht wird. Darüber hinaus fühlen sich insbesondere Frauen von diesem einseitig männlich geprägten Unternehmerbild nicht angesprochen.

Einerseits kann dieses hegemoniale Leitbild als ein Hemmnis für Frauen gesehen werden, sich selber als Unternehmerinnen zu verstehen. Dies könnte ein Grund dafür sein, dass Frauen bei den Existenzgründungen in Deutschland und auch bei der Übergabe bzw. Übernahme von Unternehmen unterrepräsentiert sind (vgl. hierzu den GEM-Report: Sternberg/ Bergmann 2003). Andererseits beeinflusst das derzeit hegemoniale Unternehmerbild nicht nur das Selbstbild und damit die Einstellungen und das Handeln von Frauen, sondern auch das Fremdbild dieser Gruppe und damit die Einstellungen und das Handeln ihres sozialen Umfeldes, der Berater bzw. Beraterinnen, der Geldgeber bzw. Geldgeberinnen und der Mentorinnen bzw. Mentoren etc. [4]

Mit Blick auf die bereits erwähnte Arbeitshypothese ergeben sich die folgenden Fragenkomplexe:

- Welche Typen von Unternehmerinnen lassen sich in Deutschland feststellen? Unterscheiden sie sich von den Mooreschen bzw. Hodenius'schen Typen und falls ja, inwiefern?
- Wie unterschieden sich ‚erfolgreiche‘ von ‚nicht erfolgreichen‘ Unternehmerinnen? Was verstehen Unternehmerinnen unter ‚erfolgreich‘ und wie unterscheidet sich diese Definition von der vorherrschenden Definition z.B. der Geldgeber bzw. Geldgeberinnen?
- Welches Selbstbild finden wir bei ‚erfolgreichen‘ Unternehmerinnen verschiedener Couleur und inwiefern unterscheiden sie sich von ‚nicht erfolgreichen‘ Unternehmerinnen? Wie hat sich dieses Selbstbild über ihre Biographie entwickelt? Was waren Schlüsselerlebnisse?
- Auf welche Ressourcen konnten die Unternehmerinnen zurückgreifen? Wie wurde dadurch das Selbstverständnis als Unternehmerin geprägt?
- Welche Rolle spielt das ambivalente Selbstbild als Unternehmerin für die Unternehmensgründung selbst?

---

4 So äußerte eine Mentorin „...Unverständnis mit der Arbeitsmoral ihrer Mentee, da diese nicht bereit war, mehr als 20 Wochenstunden für ihre Unternehmung tätig zu sein. [...] Aus Sicht der Mentorin „...eine völlig neue Sichtweise, wie man glaubt, ein Unternehmen aufbauen zu können...‘" (Hansen/ Tovar 2003, S. 28).

- Welche Unterschiede lassen sich in Bezug auf das unternehmerische Selbst bei Männern und Frauen erkennen? Welche Rolle spielen hier einerseits die gesellschaftliche Zuschreibung der Hauptverantwortung von Frauen für Kindererziehung und Haushalt und andererseits auch fiskalische Regelungen (Stichwort: Ehegattensplitting) zu ungunsten von Frauen?
- Welches Bild von der Unternehmerin wird in arbeits- und sozialpolitischen Maßnahmen, aber auch in Institutionen wie Ministerien, Banken, den Arbeitgeberverbänden oder den Gewerkschaften vertreten?
- Deckt sich das Selbstbild von Unternehmerinnen mit dem Bild, das ihre Umgebung von ihnen hat (Beschäftigte, Kundschaft, Lieferantinnen und Lieferanten, soziales Umfeld etc.)?
- Welches Fremdbild finden wir bei Beratern bzw. Beraterinnen, Coaches etc? Wodurch wurde dies geprägt? Welchen Einfluss hat es auf ihr Handeln? Was bedeutet dies für die verschiedenen Förderprogramme?
- Welches sind Ansatzpunkte, um ein vielfältigeres Bild von Unternehmern und Unternehmerinnen zu propagieren?

2.2. Das Forschungsdesign

Es liegt auf der Hand, dass ein derart facettenreiches Thema wie das Selbst- und Fremdbild von Unternehmerinnen nicht ohne den Einsatz eines komplexen Instrumentariums er- und beforschbar ist. Die Vielfältigkeit und Vielschichtigkeit der Forschungsfragen verlangt nach einer Kombination von quantitativen und qualitativen Methoden. Deshalb liegt es nahe, einen Methoden-Mix zu entwickeln, der den unterschiedlichen Facetten des Themas gerecht wird. Zugespitzt wurde die Auswahl der Methoden auf die beiden Themenfelder unternehmerisches Fremdbild und unternehmerisches Selbstbild.

2.2.1. Methodisch-methodologisches Vorgehen zur Erforschung des unternehmerischen Fremdbildes

Um zu erkunden, wie sich das Fremdbild, genauer gesagt das hegemoniale Unternehmerbild, im öffentlichen Diskurs darstellt, bietet sich ein diskursanalytischer Ansatz an.

Die an der *Foucaultschen* Diskurstheorie orientierte Diskurs- bzw. Dispositivanalyse widmet sich den Fragen, wer welche Begriffe, welches Wissen bzw. welche Wahrheiten mit welchem strategischen Ziel hervorbringt. Darüber hinaus kann mit diesem Instrument geklärt werden, was Wissen überhaupt ist und wie es (in Diskursen) entsteht, weitergegeben wird, wer an diesen Prozessen beteiligt ist, und welche Bedeutung dieses jeweils gültige Wissen für die Gestaltung der Gesellschaft hat. Es geht also bei diesem Verfahren gerade nicht darum, den Wahrheitsgehalt von Aussagen zu prüfen, sondern zu erkennen, welche Aussagen als wahr gelten und welche Machtkonstellationen dafür von Bedeutung sind (Bührmann: 2005b). In diesem Zusammenhang werden bedeutende[5] Texte der Beratungs- bzw. Förderinfrastruktur von Unternehmerinnen aus den Bereichen Wirtschaft, Politik und Wissenschaft analysieren.

In einem zweiten Schritt wird in einer Dispositivanalyse die Analyse diskursiver mit der nicht-diskursiver Praktiken verknüpft. Darüber hinaus werden wir zur Erforschung der institutionellen Fremdperspektive auf Unternehmerinnen und Unternehmer online Expertinnen- bzw. Experteninterviews mit Vertretern und Vertreterinnen beratender und fördernder Einrichtungen führen. Wir gehen davon aus, dass diese Institutionen, da sie in einem direkten und für die unternehmerische Tätigkeit höchst bedeutsamen Kontakt mit den (potenziellen) Entrepreneurs stehen, auf das Selbstkonzept der Klientinnen als Unternehmerin großen Einfluss haben. Wie wird dort beraten? Was gilt als gute Beratung und vor allem: Welches Bild von Unternehmertum wird hier vermittelt? Diese Fragen stehen im Zentrum der Befragung von Expertinnen und Experten, die damit vor allem der Rekonstruktion der Beratungsprozesse dient, um eine Einordnung des dort verwandten Unternehmerbegriffs sichtbar zu machen.[6] Da das Beratungswissen der Befragten sich aus ihrer beruflichen Tätigkeit erschließt, handelt es sich um Expertinnen und Experten auch im engeren Sinne.[7]

Um bei der Erforschung des Fremdbildes den Fokus noch weiter auf die Unternehmerin bzw. den Unternehmer zu verengen, interessieren wir uns zudem für das individuelle Fremdbild von Unternehmern und Unter-

---

5   ‚Bedeutend' meint in diesem Kontext Texte, über die gesprochen wird, die abgelehnt werden oder denen zugestimmt wird.
    Es geht nicht um die Qualität, sondern um die quantitative Referenz auf diese Texte.

6   Nach Gläser und Laudel werden Expertinnen- und Experteninterviews eingesetzt, wenn „soziale Situationen oder Prozesse
    rekonstruiert werden sollen,...". Vgl. Gläser/ Laudel 2004

7   Im sozialwissenschaftlichen Diskurs gibt es derzeit zwei polarisierende Meinungen zum Expertenbegriff. Meuser und Nagel
    (1991) sehen vor allem die berufliche Stellung als ausschlaggebend für eine Expertenfunktion, wogegen bspw. Gläser und
    Laudel (2004) die Auffassung vertreten, der Expertenbegriff müsse auch auf solche Personen ausgeweitet werden, die
    „besonderes Wissen über soziale Sachverhalte besitzen." (S.10)

nehmerinnen. Hierzu werden Personen aus dem direkten Umfeld der Entrepreneurs auf ihr Bild von der jeweiligen Unternehmerin/ dem Unternehmer befragt. Die narrativen Interviews erlauben, dass die Befragten zu den angeschnittenen Themen Stellung nehmen, ohne ihre Aussagen in vorgegebene Raster einzufügen. Da unsere Untersuchung einen explorativen Schwerpunkt hat, ist dies von besonderer Wichtigkeit.

In den Umfeld-Interviews soll es vor allem darum gehen, das Fremdbild aus einer Nahperspektive zu explorieren. Wie sehen Mitarbeitende, Familienangehörige, Kundinnen und Kunden die betreffende Person und ihre Tätigkeit? Deckt sich diese Einschätzung mit dem Selbstbild der Unternehmerin/ des Unternehmers?

Wir haben es also insgesamt mit mehreren Ebenen des unternehmerischen Fremdbildes zu tun.

2.2.2. Methodisch-methodologisches Vorgehen zur Erhebung des unternehmerischen Selbstbildes

Zur Erhebung des Selbstbildes werden wir flankierend Interviews mit narrativem Focus durchführen. Als Methode für die Durchführung der qualitativen Interviews eignet sich das problemzentrierte Interview nach *Witzel*, da es eine Kombination aus leitfadengestütztem und offenem Interview ist. So lassen sich zum einen konzeptionell festgelegte Bereiche abfragen, die die Vergleichbarkeit der Interviews sichern; und zum anderen ist Raum für narrative, biographische Anteile, die später eine Typologie ermöglichen sollen. Für die Durchführung dieser Untersuchung wurde die Methode des problemzentrierten Interviews modifiziert.

Der Leitfaden ist folgendermaßen aufgebaut: Das Interview beginnt mit einem Kurzfragebogen, in dem Sozialdaten wie Alter, Geschlecht, Lebenssituation, Ausbildung und Daten zum Unternehmen abgefragt werden.

Als Einstieg in das Gespräch visualisieren die Interviewpartnerinnen und – partner ihre berufliche und private Lebenskurve (in Anlehnung an Macha und Klinkhammer).[8] Dadurch soll ein erster Erzählimpuls gegeben werden. Außerdem können die Lebenskurven während des Interviews immer wieder als Anknüpfungspunkt herangezogen werden. Auf

---

8 In der Studie „Berufliche Sozialisation von Wissenschaftlerinnen und Wissenschaftlern in Ost- und Westdeutschland" ließen Macha und Klinkhammer ihre Probanden je eine berufliche und private Lebenskurve zeichnen, um dem Phänomen der ‚doppelten Vergesellschaftung' Rechnung zu tragen (Macha/ Klinkhammer: 2003, S. 573).

Basis der Kurven und eines vorstrukturierten Leitfadens erfolgt dann das problemzentrierte Interview.

Eine Annäherung an derart abstrakte Themen wie das „Unternehmerinnen- bzw. Unternehmerbild" und das „unternehmerische Selbst" erfordert unseres Erachtens eine besondere Fragetechnik. Die Technik des „systemischen" bzw. „zirkulären" Fragens erlaubt es, auch implizite Aussagen sichtbar zu machen. „Entsprechend des kommunikationstheoretischen Axioms, dass man «nicht nicht kommunizieren» kann (*Watzlawick* et al.: 1969), ist es unmöglich, Fragen zu stellen, ohne damit bei den befragten Personen eigene Ideen anzustoßen." (*Schlippe/ Schweitzer*: 1999, S. 137). D.h. Fragen generieren nicht nur beim Interviewenden, sondern auch bei dem oder der Interviewten neues Wissen. Systemische Fragen erlauben nicht nur die Einbeziehung einer Außenperspektive, sondern ermöglichen auch die Herstellung von Unterschieden. Beispiele wären hier Klassifikationsfragen, Prozentfragen oder Übereinstimmungsfragen.

Der Leitfaden wurde auf der Basis unseres Forschungsproblems entwickelt und beinhaltet verschiedene Fragenkomplexe:

1. Die Frage, aus welchen Beweggründen die befragten Frauen und Männer sich für eine Unternehmensgründung bzw. –weiterführung entschieden haben, ist nach wie vor zentral und als basale Information für die Erhebung der weiteren Punkte unabdingbar. Die Motive für die Selbständigkeit stehen deshalb zu Beginn des Leitfadens.

2. Ressourcen, wie z.B. Netzwerke, Vorbilder, Kapital sind entscheidende Voraussetzungen für einen gelingenden Gründungsprozess. Gerade hier zeigen sich oft Unterschiede in den Voraussetzungen zwischen den Geschlechtern (*Nicoline Scheidegger* und *Margit Osterloh*: 2005).

3. Zentraler Punkt des Leitfadens ist zum einen das Unternehmerinnen- bzw. Unternehmerbild der befragten Personen; hier werden wir bspw. fragen, welches Bild die interviewte Person von Unternehmerinnen und Unternehmen hat und seit wann (und in welchem Maße) sie sich selbst als Unternehmerin bzw. Unternehmer sieht. Eng damit verknüpft sind zum anderen Fragen nach dem unternehmerischen Selbst; hier geht es darum, ob die Person sich selbst als Unternehmen betrachtet und wie sie dies lebt.

4. Nicht immer sind wachsende Umsatz- und Ertragszahlen oder ein Zuwachs an Mitarbeiterinnen und Mitarbeitern entscheidend für das Gefühl, erfolgreich zu sein. Deshalb ist es uns besonders wichtig, zu erfahren, wie Erfolg und Zufriedenheit von den Interviewten definiert werden.

5. Abschließend werden die Zukunftsperspektiven der Interviewpersonen erhoben: Welche Perspektiven bzw. Wunschvorstellungen gibt es für Person und Unternehmen?

2.2.3. Die Auswahl des Samples

Das Ziel unserer Forschung, die Vielfalt in der Unternehmerschaft zu erkunden, spiegelt sich auch in der Auswahl der Interviewpartner und – partnerinnen wieder. Dabei geht es uns nicht um statistische Repräsentativität.

Um die Vielfalt unternehmerischer Aktivitäten zu erkunden, sollen Unternehmerinnen und Unternehmer verschiedener Branchen, deren Unternehmen sich in unterschiedlichen Lebensphasen befinden, befragt werden. Wünschenswert wäre auch, „gescheiterte" Entrepreneurs befragen zu können. Die Aufteilung der Interviews auf weibliche und männliche Interviewpersonen dient der Überprüfung der Hypothese über Differenzen weiblicher und männlicher Bilder von Unternehmerinnen und Unternehmern, Erwartungshaltungen wie auch Erfolgskriterien. Die Dreiteilung des Samples mit der Befragung von Unternehmerinnen und Unternehmern, von Personen aus dem Umfeld sowie von Expertinnen und Experten dient der Festigung oder Relativierung der Interview-Ergebnisse. Die befragten Personen des Umfelds sollen zum einen aus dem jeweiligen Unternehmen stammen. Hier möchten wir sowohl „junge" Beschäftigte, vorzugsweise Führungskräfte, des Unternehmens als auch „alte", sprich erfahrene Interviewpartner und –partnerinnen gewinnen. Außerdem soll eine Interviewperson aus der Familie bzw. dem nahen Umfeld der befragten Entrepreneurs stammen. Um zu überprüfen, inwieweit sich das Unternehmerinnen- bzw. Unternehmerbild des jeweiligen Umfelds mit dem Selbstbild deckt, werden nach Möglichkeit mehrere Personen des Umfeldes der Unternehmerinnen und Unternehmer interviewt. Interessant ist hierbei auch die Frage, ob ein Zusammenspiel beider Perspektiven für die Herausbildung des Unternehmerinnen- bzw. Unternehmerbildes von Bedeutung ist.

Ausgehend von der These, dass das hegemoniale Unternehmerinnen- bzw. Unternehmerbild auch die Einstellungen und das Handeln der Beraterinnen und Berater, der Geldgebenden und der Mentorinnen und Mentoren von Unternehmern und Unternehmerinnen prägt, werden in der Untersuchung auch Expertinnen und Experten befragt. Diese sollten einen direkten Kontakt zu dieser Personengruppe haben, jedoch aus übergeordneter Perspektive heraus, so dass vielfältige Kontakte zu verschiedenen Unternehmerinnen und Unternehmern vorhanden sind.

2.2.4. Die regionale Verteilung der Untersuchungen zur Vielfalt des Unternehmerinnenbildes in Deutschland

Als Schwerpunktgebiete wird sich die Forschung zum Thema Unternehmerinnen- bzw. Unternehmerbild auf die Gebiete Ziel-II-Region im Ruhrgebiet, auf Thüringen und auf das Münsterland konzentrieren. Die Regionen sind nach folgenden Gesichtspunkten bestimmt worden:

Durch die Landes- und Bundesförderung von *strukturschwachen Regionen* sind im Ruhrgebiet zahlreiche Projekte zur Unterstützung von Existenzgründungen angelaufen. Hierzu ist eine intensive Öffentlichkeitsarbeit der Fördergeber bzw. Projektträger zu beobachten. Unsere Studie möchte detailliert überprüfen, inwieweit diese Anstrengungen auch längerfristig wirken und grundsätzlich das Klima für Existenzgründungen, im Speziellen für Frauen, so verändert, dass man ein facettenreiches Unternehmerinnenbild in der geförderten Ziel-II-Region antreffen kann.

Als weitere Schwerpunktregion für die Befragung der Entrepreneurs erschien uns ein neues Bundesland wichtig. Aufgrund der historischen Entwicklung erwarten wir in den neuen Bundesländern ein differierendes Unternehmerinnen- bzw. Unternehmerbild. Mit dem Land *Thüringen* (Nordhausen/ Erfurt) haben wir eine dem Münsterland strukturell vergleichbare Region ausgewählt.

Als dritte Region möchten wir zur Darstellung der Vielfalt in der Unternehmerschaft das *Münsterland* in die Untersuchungen mit einbeziehen. Diese – genau wie Thüringen – eher ländlich geprägte Region weist Unternehmen mit einer gut ausgebildeten Unternehmenskultur auf. Die Gründungsvoraussetzungen für Frauen könnten weiter verbessert werden, obgleich man hier vor Ort durchaus schon erfolgreiche Unternehmerinnen antrifft. Interessant in dieser Region sind die einfallsreichen Kleinstgründungen von Frauen, die die Selbständigkeit zum Teil als Wiedereinstieg nach einer Familienphase in die Berufswelt wählen.

Abb. 1, Schematische Darstellung des Samples

Befragung: Vielfalt in der Unternehmerschaft			
Interviews		weiblich	männlich
Unternehmen		20	10
	nascent (-1 - +1)	5	3
	jung (1/3 - 10)	5	3
	"alt" (>10)	5	2
	"Gescheiterte"	5	2
		Summe 30	
Führungskräfte und Umfeld		10	
ExpertInnen		3	3

2.2.5. Definitionen unternehmerischen Handelns

An zentraler Stelle unseres Projekts stellt sich die Frage, wie sich die Befragten als Unternehmerinnen und Unternehmer bzw. Selbständige sehen und ob diese Begrifflichkeiten unterschiedlich gedeutet und bewertet werden. Grundlage hierfür ist die Auseinandersetzung mit den Begriffen, die unternehmerisches Handeln definieren. Um sich den in der einschlägigen Literatur gebrauchten Definitionen zu nähern, ist zu beachten, dass bei der Begriffsbestimmung unterschiedliche Perspektiven eingenommen werden. Die jeweilige Perspektive ist in Abhängigkeit von dem gesellschaftspolitischen Hintergrund der Betrachtungssituation und des Betrachters zu sehen. Weiterhin ist zu unterscheiden zwischen Eigenschaften, Merkmalen und Aufgaben von Unternehmerinnen und Unternehmern. Diese wiederum sind vor dem Hintergrund historischer Veränderungen zu verstehen (*Rolf Schmucker*: 2005, S. 18). Eine Abhandlung zu der historischen Entwicklung des Unternehmerbegriffs, die teilweise auf diese Betrachtungsunterschiede eingeht, findet sich bei *Martina Voigt* (1994, S. 7-11). Auffällig bei diesem Rückblick ist besonders, dass die frühen Definitionen sich ausschließlich auf den Unternehmer beschränken. Voigt konstatiert, dass die Unternehmerin erst in den 80er Jahren im öffentlichen Interesse auftaucht. Unternehmerinnen gibt es jedoch bereits schon im Mittelalter (*Barbara Sichtermann* 1987). Die Aufmerksamkeit der Wissenschaft erhalten die Unternehme-rinnen nennenswert erst Anfang der 90er Jahre. In seiner Untersuchung an der Schnittstelle zwischen Unternehmens- und Frauenforschung ‚Frauen als

Unternehmerinnen' führt *Thomas Döbler* (1998) eine ausführliche Auseinandersetzung mit den Begriffsfeldern Unternehmer bzw. Unternehmerin und Selbständige. Er grenzt Selbständige zu abhängig Beschäftigten über drei funktionale Charakteristika ab:

• Die Fähigkeit zu entscheiden, was getan werden soll (d.h. den
  Einsatz von Ressourcen lenken und koordinieren);
• Selbständige erhalten kein ex ante festgelegtes Vertragsein-
  kommen;
• Selbständige handeln nicht weisungsgebunden.

Als Unternehmerin bzw. Unternehmer bezeichnet Döbler alle, die nicht
abhängig beschäftigt sind und stattdessen auf eigene Rechnung Leistungen auf dem Markt anbieten, abgesehen von Personen die im primären Bereich und in freien Berufen tätig sind. Weiterhin zählt er „ange-
stellte" Unternehmerinnen und Unternehmer zu dieser Gruppe hinzu. So
ergeben sich zwischen Selbständigen und Unternehmerinnen bzw. Unternehmern als Schnittmenge die „Eigentümer-Unternehmerinnen" bzw.
„Eigentümer-Unternehmer". Alle Selbständigen, die nicht als Unternehmerin bzw. Unternehmer gelten, sind im primären Bereich oder freiberuflich tätig.

Abb. 2: Abgrenzungen des Unternehmerinnen- bzw. Unternehmerbegriffs

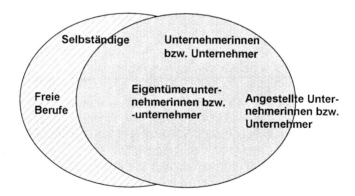

Dies deckt sich nicht ganz mit der im Mikrozensus von 1987 zugrunde
gelegten Definition von ‚Selbständigen', die häufig in der quantitativen
Unternehmensforschung verwendet wird:

„Personen, die ein Unternehmen, einen Betrieb oder eine Arbeitsstätte gewerblicher oder landwirtschaftlicher Art wirtschaftlich und organisatorisch als Eigentümer, Miteigentümer oder Pächter leiten, ferner selbständige Handelsvertreter, alle freiberuflich Tätigen sowie Hausgewerbetreibende und Zwischenmeister. Zu den Selbständigen zählen auch die selbständigen Handwerker und Abgeordnete in den Parlamenten des Bundes und der Länder sowie ... freiberuflich Tätige, zum Beispiel Ärzte, Rechtsanwälte, Schriftsteller und Künstler."[9]

Aus betriebswirtschaftlicher Sicht steht die ökonomische Dimension des Unternehmerinnen- bzw. Unternehmerbegriffs im Vordergrund der Betrachtung. Demnach ist die unternehmerische Aktivität mit Gewinnerzielungsabsicht sowie der Inkaufnahme von Risiken verbunden. Der Unternehmer bzw. die Unternehmerin arbeitet selbständig im oben dargelegten Sinn und eigenverantwortlich. Die Verantwortung für die Entwicklung des Unternehmens obliegt dem Unternehmer bzw. der Unternehmerin. Die unternehmerische Tätigkeit im betriebswirtschaftlichen Sinne ist eine gewerbliche, berufliche und nachhaltige Tätigkeit zur Erzielung von Einnahmen. Freiberuflich Arbeitende (z.B. Ärzte und Ärztinnen) sind also als Unternehmerinnen bzw. Unternehmer zu betrachten, denn aus betriebswirtschaftlicher Sicht gelten freie Berufe als unternehmerisches Handeln.

Vielen Ökonominnen und Ökonomen gilt es nicht nur als ein empirisches Faktum, sondern unter den Bedingungen der Marktwirtschaft geradezu als (die einzige) moralische Pflicht, dass Unternehmerinnen und Unternehmer "aus ethischen Gründen ihre Gewinne maximieren" (vgl. *Homann/ Blome-Drees*: 1992, S. 183). Mit einer solchen Eingrenzung ist jedoch noch keine Aussage über die Funktion der Unternehmerinnen und Unternehmer im ökonomischen Prozess, sowie die mit der unternehmerischen Rolle verbundenen Eigenschaften oder Verhaltensweisen des Unternehmers bzw. der Unternehmerin getroffen. Für die Identifikation der Personengruppe, die Ziel unserer Untersuchungen sein soll, reicht diese Eingrenzung zunächst einmal aus.

In unserer Studie interessieren uns vor allem solche Unternehmer und Unternehmerinnen, die sich an der Grenzlinie zwischen Freiberuflichkeit und Selbständigkeit bzw. Unternehmertum bewegen. Sie sind es, so

---

9 Zitiert nach Löhr-Heinemann: 2005, S. 9

vermuten wir, die die größten Schwierigkeiten mit dem hegemonialen, männlich geprägten, Unternehmerbegriff haben. Unser Forschungsdesign schließt Selbständige ausdrücklich in eine Definition des Unternehmers bzw. der Unternehmerin ein.

Der funktionalen und der persönlichen Dimension des Unternehmerinnen- bzw. Unternehmerbegriffs ist im Hinblick auf das Selbst- und Fremdbild große Bedeutung beizumessen. Für die Erforschung des Unternehmerinnen - bzw. Unternehmerbildes und seiner Wirkungsmacht ist eine ausführliche Auseinandersetzung mit den Facetten der Definition unternehmerischer Tätigkeit notwendig. Denn das vorherrschende Bild des Unternehmers ist noch immer das Leitbild Schumpeterscher Prägung. (Noelle-Neumann/ Köcher: 2002). Demnach ist im öffentlichen Diskurs zurzeit das Management großer Unternehmen bzw. Konzerne dominant, die als ‚rücksichtslose Ausbeuter und raffgierige Egoisten' gesehen werden. [10]

In diesem Zusammenhang ist auch der Forschungsbereich Entrepreneurship von großem Interesse. Hier erfolgt eine begriffliche Abgrenzung von ‚Unternehmertum' und ‚Entrepreneurship', die auf die Veränderung des öffentlichen Verständnisses von dem Begriff ‚Unternehmertum' zurückzuführen ist. Durch die interdisziplinäre Anlage der Entrepreneurshipforschung, die neben der Wirtschaftswissenschaft auch die Soziologie und Psychologie berührt, kann den vielfältigen Ausprägungen unternehmerischer Aktivitäten Rechnung getragen werden. Die handelnden Personen, die Entrepreneure, charakterisiert Dennis A. De (2005) als Menschen, „...die versuchen eine Geschäftsidee zu verwirklichen und dafür ein zuweilen großes Risiko eingehen, das sie und ihre Familie regelmäßig finanziell, zeitlich und sozial betrifft." (De: 2005, S. 22) In dieser Definition findet sich eine große Nähe zu der von uns für die Erforschung des Selbst- und Fremdbildes ausgewählten Personengruppe.

Tatsache ist, dass sich neue Formen unternehmerischer Aktivität herausgebildet haben, die zu einer notwendigen Diversifikation des Unternehmerinnen- bzw. Unternehmerbegriffs und damit auch des öffentlichen Bildes dieser Gruppe führen (*Piorkowsky* 2001).

---

10 Behrens. Bolke: Zu wenig Gesichter, in: Wirtschaftswoche Nr. 46 S. 185

3. Zusammenfassung und Ausblick

Das dargestellte Forschungsprojekt fokussiert im Wesentlichen die Frage, wie Unternehmerinnen sich selbst sehen und welchen Einfluss das hegemoniale Unternehmerbild auf dieses Selbstbild hat. Die von Josef Alois Schumpeter vorgenommene theoretische Verengung der faktischen Heterogenität des Unternehmerinnen - bzw. Unternehmerbildes ist – so setzen wir voraus – dabei von zentraler Bedeutung.

Die Untersuchung der unternehmerischen Rolle bezüglich ihrer historisch-konkreten Veränderung und die Entwicklung der vielfältigen Formen des Unternehmertums bilden die Grundlage unserer Forschung zum Unternehmerinnenbild. Dabei ist freilich zu berücksichtigen, dass die Facetten des Unternehmerinnenbildes, die wir in unserem Projekt herausarbeiten und aufzeigen wollen, in Abhängigkeit von der Perspektive der Betrachtenden sichtbar werden. Aus dem bisher Gesagten ergibt sich, dass die Problematik eines verkürzten Bildes unternehmerischer Tätigkeit im öffentlichen Diskurs zahlreiche Berührungspunkte mit anderen Bereichen der Unternehmensforschung aufweist. Eine inter- bzw. transdisziplinäre Erforschung dieser Fragen scheint also notwendig.
Bei der Untersuchung des unternehmerischen Selbst ist davon auszugehen, dass auch dieses historischen Veränderungen unterworfen ist. Die zu erforschenden Einflussfaktoren und ihre Wirkungsentfaltung liefern Erkenntnisse für eine positive Beeinflussung unternehmerischer Aktivität. Dabei kann eine an der faktisch beobachteten Heterogenität orientierte Darstellung des Unternehmerinnen- bzw. Unternehmerbildes durchaus auch die Gründungs-, Übernahme- oder Wachstumsaktivitäten von Männern positiv beeinflussen. Entsprechend vielfältig dürften sich Ansatzpunkte für die Verbreitung eines differenzierteren UnternehmerInnenbildes ergeben. Besonders interessante Forschungsdesiderata über die Kernfragestellung des hier vorgestellten Forschungsprojektes hinaus sind z.B. Vorbilder und ihre Bedeutung für die Entwicklung des Selbstbildes von Unternehmerinnen sowie die Einflüsse des unternehmerischen Selbstbildes auf die Unternehmensentwicklung.

Literatur

Achtenhagen, Leona/**Welter**, Friederike: Female entrepreneurship as reflected in German media from 1995 – 2001, paper to the ICSB world conference June 2003 (unveröffentlichtes Manuskript)

Apitzsch, Ursula/**Kontos**, Maria/**Kreide**, Regina: End report TSER-Projekt: Self-employment activities of women and minorities, Frankfurt a. M. 2001

Bundesministerium für Wirtschaft und Arbeit (BMWA) (Hg.): Unternehmerinnen in Deutschland. Gutachten im Auftrag des BMWA, Redaktion: Institut für Mittelstandsforschung, Redaktion: Backes-Gellner, Uschi und Kay, Rosemarie Berlin 2003

Behrens/Bolke: Zu wenig Gesichter, in: Wirtschaftswoche Nr. 46, 9. November 2000, S. 185 – 190

Bendl, Regine/**Riedl**, Gabriela: Unternehmerinnen und Erfolg. Eine geschlechterdifferenzierende Literaturanalyse, in: Bandhauer-Schöffmann, Irene/ Bendl, Regine (Hg.): Unternehmerinnen: Geschichte und Gegenwart, Frankfurt a. M. 2000, S. 239 – 273

Bögenhold, Dieter: Der Gründerboom. Realität und Mythos der neuen Selbständigkeit, Frankfurt a. M./ New York 1987

Bröckling, Ulrich: Das unternehmerische Selbst und seine Geschlechter. Gender-Konstruktionen in Erfolgsratgebern, in: Leviathan, Jg. 48, H. 2, S. 175 - 194

Bührmann, Andrea D.: The Emerging of the Entrepreneurial Self and it's Contemporary Hegemonic Status: Some Fundamental Observations for an Analysis of the (Trans-)Formational Process of Modern Forms of Subjectivation, [49 paragraphes]. Forum: Qualitative Social Research [On-line Journal], 6 (1), Art. 16. Verfügbar über: http://www.qualitative-research.net/fqs-texte/1-05/05-1-16-d.htm, Zugriff am 09.11.2005

Bührmann, Andrea D.: Chancen und Risiken angewandter Diskursforschung, in: Keller, Reiner/Hirseland, Andreas/Schneider, Werner/Viehöver, Willy (Hg.): Hermeneutische Wissenssoziologie als Diskursforschung? Potenziale der Wissenssoziologischen Diskursanalyse (hg. in der Reihe Imagination, Wissen, Erfahrung), Konstanz, voraussichtlich Herbst 2005

De, Dennis A.: Entrepreneurship – Gründung und Wachstum von kleinen und mittleren Unternehmen, München 2005

Diezinger, Angelika: Arbeit im weiblichen Lebenszusammenhang: Geschlechtshierarchische Arbeitsteilung als Ursache von Geschlechterungleichheit, in: Bührmann, Andrea D./ Diezinger, Angelika/ Metz-Göckel, Sigrid: Arbeit, Sozialisation, Sexualität. Zentrale Felder der Frauen- und Geschlechterforschung, Opladen 2000, S. 15 - 102

Döbler, Thomas: Frauen als Unternehmerinnen, Wiesbaden 1998

Gläser, Jochen/**Laudel**, Grit: Experteninterviews und qualitative Inhaltsanalyse. Wiesbaden 2004

Groppe, Carola: Der Geist des Unternehmertums. Eine Bildungs- und Sozialgeschichte. Die Seidenfabrikantenfamilie Colsmann (1649-1840), Köln 2004

Gustafsson, Siv S./**Wetzel**, C.: Family policies and women's labour force transitions in connection with childbirth, in: Vierteljahreshefte zur Wirtschaftsforschung (1) 1997, S. 118 – 124

Hansen, Katrin/**Tovar**, Gabriele: Evaluationsbericht "TWIN-Projekt", unveröff. Manuskript, Bocholt 2003, abrufbar unter http://www-wi.bocholt.fh-gelsenkirchen.de/german/anlauf/profs/hansen/   projekte/TWIN/TWIN%20Abschluss%20Evaluation%20Dez.2004.pdf, Zugriff am 09.11.2005

Hodenius, Birgit: Weibliche Selbständigkeit. Gratwanderungen zwischen Programmatik und Pragmatik, in: Thomas, Michael (Hg.): Selbständige, Gründer, Unternehmer. Passagen und Passformen im Umbruch, Berlin 1997, S. 281 - 302

Homann, Karl/**Blome-Drees**, Franz: Wirtschafts- und Unternehmensethik, Göttingen 1992

Kontos, Maria: Erwerbswirtschaftliche Selbständigkeit von Migrantinnen, in: Apitzsch, Ursula/Jansen, Mechtild M. (Hg.): Migration, Biographie und Geschlechterverhältnisse, Münster 2003, S. 111 - 142

Laferrére, Anne: Self-employment and intergenerational transfers: liquidity constraints and family environment, Mannheim 1999

Leicht, René/ **Lauxen-Ulbrich**, Maria: Entwicklung und Determinanten von Frauenselbständigkeit in Deutschland, in: Zeitschrift für KMU und Entrepreneurship, 53. Jahrgang, Berlin, St. Gallen 2/ 2005, S. 133 - 149

Löhr-Heinemann, Brigitte: Erfolg hat eine Mutter, Heidelberg 2005

Macha, Hildegard/**Klinkhammer**, Monika: Auswertungsstrategien methoden-kombinierter biographischer Forschung. In: Friebertshäuser, Barbara (Hg.): Handbuch qualitative Forschungsmethoden in der Erziehungswissenschaft, Weinheim 2003

McClelland, David C.: The achieving society, Princeton 1961

Meuser, Michael/ **Nagel**, Ulrike: ExpertInneninterviews – vielfach erprobt, wenig bedacht. Ein Beitrag zur qualitativen Methodendiskussion, in: Garz, Detlef/ Kraimer, Klaus (Hg.): Qualitativ-empirische Sozialforschung. Konzepte, Methoden, Analysen (S. 441-471) Opladen 1991

Moore, Dorothy Perrin: Careerpreneurs: lessons from leading women. Entrepreneurs on building a career without boundaries, Palo Alto/ California 2000

Noelle-Neumann, Elisabeth/**Köcher**, Renate: Allensbacher Jahrbuch der Demoskopie 1998 – 2002, Band 11, München

OECD: Women entrepreneurs in small and medium enterprises, Paris 1998

Parsons/Talcott [1940]: The motivation of economic activities, in: Parsons, Talcott: Essays in sociological theory, Glencoe / Illinois, 1950, S. 50 - 69

Pfeiffer, Friedhelm: Selbständige und abhängige Erwerbstätigkeit. Arbeitsmarkt- und industrieökonomische Perspektiven, Frankfurt a. M. 1994

Piorkowsky, Michael-Burkhard: Existenzgründungsprozesse im Zu- und Nebenerwerb von Frauen und Männern: Eine empirische Analyse der Bedingungen und Verläufe bei Gründungs- und Entwicklungsprozessen von Unternehmen unter besonderer Berücksichtigung genderspezifischer Aspekte, Bonn 2001

Pongratz, Hans J./Voß, Günter: Erwerbstätige als „Arbeitskraftunternehmer" Unternehmer ihrer eigenen Arbeitskraft? In: SOWI-Sozialwissenschaftliche Informationen, 30. Jg./ H.4, 2001, S. 42-52

Pühl, Katharina: Der Bericht der Hartz-Kommission und die ‚Unternehmerin ihrer Selbst': Geschlechterverhältnisse, Gouvernementalität und Neoliberalismus, in: Pieper, Marianne/Gutiérrez Rodriguez, Ecarnación (Hg.): Gouvernmentalität. Ein sozialwissenschaftliches Konzept im Anschluss an Foucault, Frankfurt a. M. 2003, S. 111 - 135

Raijman, Rebeca/**Tienda,** Marta: Immigrants' pathway to business ownership: a comparative ethnic perspective, in: International Migration Review Fall 2000, Vol. XXX, S. 682 - 706

Scheidegger, Nicoline und **Osterloh,** Margit: Organisation und Geschlecht – Eine Netzwerkperspektive. Welche Netzwerkstruktur fördert die Karrieremobilität? in: Krell, G. (Hrsg.): Betriebswirtschaftslehre und Gender Studies. Analysen aus Organisation, Personal, Marketing und Controlling, Wiesbaden 2005, S. 139 – 156. (www.gabler.de/freebook/3-409-12640-6_i.pdf)

Schumpeter, Joseph A. [1911]:Theorie der wirtschaftlichen Entwicklung, 8. Auflage, Tübingen 1993

Schmeink, Martina/**Schöttelndreier,** Aira: Praxis der Frauen- und Geschlechterforschung: Vielfalt in der Unternehmerschaft – Facetten des UnternehmerInnenbildes in Deutschland. Unveröffentlichtes Manuskript zum Vortrag am 13.07.2005 an der Universität Dortmund

Schmucker, Rolf: Unternehmer und Politik. Homogenität und Fragmentierung unternehmerischer Diskurse in gesellschaftspolitischer Perspektive, Münster 2005

Schlippe, Arist von/**Schweitzer,** Jochen: Lehrbuch der systemischen Therapie und Beratung, Göttingen 1999

Sichtermann, Barbara: FrauenArbeit – Über wechselnde Tätigkeiten und die Ökonomie der Emanzipation, Berlin 1987.

Sternberg, Rolf/**Bergmann,** Heiko/**Lückgen,** Ingo: Global Entrepreneurship Monitor. Länderbericht Deutschland 2003, Köln 2004

Sternberg, Rolf/**Lückgen**, Ingo: Global Entrepreneurship Monitor. Länderbericht Deutschland 2004, Köln 2005

Voigt, Martina: Unternehmerinnen und Unternehmenserfolg, Wiesbaden 1994

Welter, Friederike/**Lageman**, Bernhard unter Mitarbeit von **Stoytcheva**, Milena: Gründerinnen in Deutschland: Potenziale und institutionelles Umfeld. Untersuchungen des RWI, Essen 2003

Werner, Arndt/**Kranzusch**, Peter/**Kay**, Rosemarie: Die Bedeutung des Unternehmerbildes für die Gründungsentscheidung – genderspezifische Analysen. Institut für Mittelstandsforschung (IfM), Schriften zur Mittelstandsforschung Nr. 109 NF, Bonn 2005

Witzel, Andreas: Das problemzentrierte Interview. In: Forum Qualitative Sozialforschung [Online-Journal], 1(1) Januar 2000. Abrufbar unter: http://qualitative-research.net/fqs-texte/1-00/1-00witzel-d.htm, Zugriff am 09.05.2005

Rosemarie Kay, Peter Kranzusch und Arndt Werner[1]

Zum Einfluss des Unternehmerbildes auf die Gründungsaktivitäten von Frauen und Männern

Einleitung

In Deutschland wie in vielen anderen Ländern weltweit gründen weit weniger Frauen als Männer ein Unternehmen (vgl. *Minniti* u.a. 2005). Etwa jede dritte Gründung in Deutschland wird von einer Frau vorgenommen.[2] Damit sind Frauen weiterhin deutlich unter den Gründern und Unternehmern unterrepräsentiert, obwohl in den zurückliegenden 25 Jahren eine beträchtliche Zunahme der Unternehmensgründungen durch Frauen zu beobachten war (vgl. *Kay* u.a. 2003, *Leicht/Lauxen-Ulbrich* 2004).

Dieser Befund wirft die Frage auf, warum Frauen nach wie vor in geringerem Umfang Gründungsaktivitäten entfalten als Männer.

Obwohl sich seit mehr als zwei Jahrzehnten das Forschungsinteresse auf diese Frage richtet, muss sie weiterhin als nicht vollständig beantwortet gelten (vgl. *Parker* 2004, Leicht u.a. 2004). Gleichwohl hat die bisherige Forschung eine Reihe an als gesichert geltenden Erklärungen für die zu beobachtende geringere Gründungsneigung von Frauen hervorgebracht. Kurz gesagt werden insbesondere fehlende Humankapital- und Kapitalressourcen, Probleme bei der Vereinbarkeit von (abhängiger) Erwerbsarbeit und Familie sowie eine stärkere Risikoaversion für die geringere Beteiligung von Frauen am Gründungsgeschehen verantwortlich gemacht.[3]

Diese Faktoren erklären den Sachverhalt möglicherweise nicht vollständig. Darauf deutet zumindest eine multivariate Analyse der RWI-Gründerstudie hin (vgl. *Mittelstands-Monitor* 2004). Als möglicher weiterer

---

1 Dr. Rosemarie Kay, Peter Kranzusch und Arndt Werner sind wissenschaftliche Mitarbeiter am Institut für Mittelstandsforschung, Bonn.

2 Vgl. Statistisches Bundesamt (2004, 2005); Berechnungen des IfM Bonn.

3 Einen Überblick über den Stand der Forschung geben u.a. Leicht u.a. (2004) sowie Werner u.a. (2005).

gender-spezifischer Einflussfaktor wird seit einiger Zeit die (eingeschränkte) Identifikationsfähigkeit potenzieller Gründerinnen mit einem männlich geprägten Unternehmerbild diskutiert (vgl. *Welter* 2004). Diese kognitionstheoretisch verankerte Erklärung basiert auf dem Wirken von (Geschlechter)Stereotypen.

Geschlechterstereotype sind eine Reihe von Eigenschaften und/oder Verhaltensweisen, die einzelnen Frauen oder Männern zugeschrieben werden, weil sie der Gruppe der Frauen oder Männer angehören (vgl. Leyens u.a. 1994). Stereotype stellen (vereinfachende) Verallgemeinerungen dar, die weder wahr noch falsch noch neutral sind (vgl. *Williams/Best* 1982). Die Stereotype von Frauen und Männern unterscheiden sich deutlich; häufig werden Frauen und Männer als einander gegenüberliegende Pole beschrieben.
Geschlechterstereotype tragen zu einer „Geschlechtsetikettierung" von Berufen und Tätigkeiten als Frauen- bzw. Männerarbeit bei (vgl. Oppenheimer 1968). Denn diese Geschlechtsetikettierung spiegelt weit verbreitete Überzeugungen wider, dass bestimmte Beschäftigungen bestimmte Merkmale erfordern, die Charakteristika des einen oder des anderen Geschlechts sind. Zugleich beeinflusst diese Geschlechtsetikettierung die Berufs(wahl)entscheidung von Männern und Frauen in der Weise, als diese jeweils eher solche Berufe/ Beschäftigungen wählen, die ihrem Geschlecht angemessen erscheinen (vgl. *Powell* 1987).

Auf die Entscheidung, den Schritt in die Selbständigkeit zu tun, also den „Beruf" des Unternehmers zu ergreifen, übertragen, wäre also folgendermaßen zu argumentieren:

- Der Beruf des Unternehmers wird (immer noch) als männertypisch wahrgenommen, also mit Eigenschaften und Verhaltensweisen verbunden, die eher dem männlichen Geschlecht zugeschrieben werden (vgl. *Fagenson/Marcus* 1991).

- Wenn eine Frau nun diese männlich geprägten Anforderungen ihren eigenen (weiblich getönten) Eigenschaften und Verhaltensweisen gegenüber stellt, wird sie eine Diskrepanz feststellen und sich möglicherweise nicht als gut für diesen Beruf geeignet beurteilen, mit der Folge, dass sie sich unter Umständen nicht für den Schritt in die Selbständigkeit entscheidet. (vgl. *Verheul* u.a. 2002)

Zudem ist zu berücksichtigen, dass derartige Entscheidungen meist nicht ohne Rücksprachen oder Beratungen im sozialen Umfeld getroffen werden. Auch in diesem Umfeld wirken die Stereotypen in der geschilderten Weise, so dass Frauen hier tendenziell stärker ein Ab - als ein Zuraten erfahren werden.

Die These also, dass Frauen sich in geringerem Umfang mit dem männlich geprägten Unternehmerbild identifizieren können und diese geringere Identifikation im Zusammenwirken mit anderen Faktoren zur geringeren Gründungsneigung von Frauen beiträgt, stand im Zentrum einer aktuellen Untersuchung des Institutes für Mittelstandsforschung (IfM) Bonn.[4]
Die wesentlichen Befunde werden im Folgenden vorgestellt.

1. Die Datengrundlage: Das Bonner Gründungspanel

Für die Überprüfung einer solchen These ist eine Datengrundlage erforderlich, die Gründungsinteressierte bereits vor der Umsetzung des Gründungsvorhabens erfasst.

Um mit Personen in Kontakt zu treten, die sich mit dem Gedanken tragen, ein Unternehmen zu gründen, hat sich das IfM Bonn Gründungsmessen zu Nutze gemacht. Diese werden an verschiedenen Orten Deutschlands regelmäßig abgehalten. In die Datenbasis für die vorliegende Untersuchung sind drei Messen eingegangen:

- die "StartMesse" Essen,
- die Messe "KarriereChance" in Dresden sowie
- die "Deutschen Gründer- und Unternehmertage - deGUT" in
Berlin.

Auf diesen Messen wurden per Zufall ausgewählte Besucher mittels eines standardisierten Fragebogens befragt. Wie aus Übersicht 1 hervorgeht, konnten auf diese Weise insgesamt 2.486 Personen befragt werden, womit rund 6 % aller Messebesucher erreicht wurden.

---

4 Siehe dazu ausführlich Werner u.a. (2005).

Übersicht 1: Grunddaten der Erst- und der Folgeerhebungen

Ersterhebung	Essen START	Dresden KarriereStart	Berlin deGUT	Messen insgesamt
Erhebungszeitraum	26.-28.9. 2003	23.-25.1. 2004	23.-25.4. 2004	2003/ 2004
Besucherzahl	12.000	18.000	10.500	40.500
Befragte	1.364	417	705	2.486
Stichprobe in %	11,4	2,3	6,7	6,1
Davon noch nicht Selbständig	1.025	307	439	1.771
Folgeerhebung				
Erhebungszeitraum	24.6.-5.7. 2004	23.10.-23.12. 2004	21.1.-18.3. 2004	2004/ 2005
Um Rückläufer bereinigte verschickte Fragebogen	648	152	194	994
Rücklauf	322	85	98	505
Rücklaufquote in %	49,7	55,9	50,5	50,8

Mehr als ein Viertel der Befragten war zum Zeitpunkt der Befragung bereits selbständig. Diese Befragten werden aus der nachfolgenden Analyse ausgeschlossen. Von den 1.771 Befragten, die nicht bereits unternehmerisch tätig waren, lag nicht in jedem Fall eine Adresse oder die Erlaubnis vor, um mit diesen Personen ein zweites Mal in Kontakt zu treten.

Bereinigt um nicht mehr gültige Adressen konnten schließlich 994 Personen jeweils rund zehn Monate nach Besuch der Messe angeschrieben werden, 505 Personen sandten einen ausgefüllten Fragebogen zurück. Dies entspricht einer Rücklaufquote von 50,8 %.[5]

---

5 Für nähere Informationen zur Datenbasis siehe Werner u.a. (2005) und Kranzusch (2005).

Die in der Erst- und der Folgeerhebung gesammelten Daten wurden gepoolt und bilden das Bonner Gründerpanel.

2. Empirische Analysen

Im Folgenden wird der Einfluss der unternehmerischen Selbstwahrnehmung auf Gründungsneigung und Gründungsvollzug mit Hilfe von multivariaten Regressionsmodellen analysiert:
Im ersten Modell wird die Wahrscheinlichkeit der Zugehörigkeit zu der Gruppe der 'werdenden Gründer' bestimmt (vgl. Kap. 3.1). Dabei werden als 'werdende Gründer' solche Personen bezeichnet, die zum Zeitpunkt der Messebefragung zum einen bereits eine Geschäftsidee haben und zum anderen auf die Frage: "Werden Sie sich demnächst selbständig machen?" mit "ja" oder "eher ja" antworten.

Im zweiten Modell werden auf der Grundlage der Erst- und der Folgebefragung der Messebesucher die unterschiedlichen Einflussfaktoren auf den 'Wechsel in die Selbständigkeit' bestimmt (vgl. Kap.3.2). Ein solcher Wechsel gilt als vollzogen, wenn die befragte Person zum Zeitpunkt der Erstbefragung nicht selbständig und zum Zeitpunkt der Folgebefragung selbständig ist.

2.1. Einflussfaktoren auf die Gründungsneigung

2.1.1. Allgemeiner Einfluss der Gründungsdeterminanten
In Tabelle 1 ist ein Logit - Modell wiedergegeben, das den Einfluss des Unternehmerbildes auf die Gründungsneigung unter Berücksichtigung weiterer Merkmale schätzt. Es werden die partiellen Effekte der unabhängigen Variablen angegeben, die einen signifikanten Einfluss auf die Gründungsneigung ausüben. Diese partiellen Effekte geben Auskunft darüber, wie stark sich die Wahrscheinlichkeit, zukünftig gründen zu wollen, verändert, wenn sich die entsprechende unabhängige Variable um eine Einheit erhöht oder verringert.

Tabelle 1: Ergebnisse der Regressionsschätzungen zur Gründungsneigung ("Werdende Gründerin)

Einflussfaktoren	Veränderungen in der Wahrscheinlichkeit
Unternehmer/innenbild	
"Ich fühle mich als Unternehmer/in" (ja)	+ 8,8 %
"Ich will wie ein/e Unternehmer/in behandelt werden" (stimme zu)	NS
Humankapitalvariablen	
Abitur (ja)	NS
Höhere berufliche Ausbildung (ja)	- 6,3 %
Branchenerfahrung (ja)	+ 22,7 %
Eltern selbständig (ja)	NS
Selbständigkeitserfahrung (ja)	NS
Gründungsmotive	
Drohende oder bestehende Arbeitslosigkeit (wichtig)	NS
Bessere Verdienstmöglichkeiten (wichtig)	NS
Unzufriedenheit mit der abhängigen Beschäftigung (wichtig)	+ 2,4 %
Unabhängigkeit / Eigenständigkeit (wichtig)	+ 3,6 %
Bessere Vereinbarkeit von Familie und Beruf (wichtig)	NS
Persönlichkeitsfaktoren	
Machbarkeitsdenken (trifft zu)	4,80%
Leistungsmotivation (trifft zu)	NS
Soziodemografische Variablen	
Geschlecht (Frau)	NS
Alter (in Jahren)	NS
Kinder (ja)	NS
Geschieden (ja)	NS
Regionale Einflussfaktoren	
Dresden	NS
Berlin	NS
LR-Chi-Quadrat	155,41
McFadden R²	0,129
	© IfM Bonn

Ausgewiesen sind die Wahrscheinlichkeitsveränderungen, falls die entsprechenden unabhängigen Variablen signifikant mit einer Irrtumswahrscheinlichkeit von unter 10 Prozent ausfallen; NS = nicht signifikant; Konstanten nicht angeführt. Referenzkategorie für Regionen: "Messe Essen".

Welchen Einfluss haben nun die Variablen zum Unternehmer/innenbild auf die Gründungsneigung?[6] Es zeigt sich, dass diejenigen, die sich stärker mit dem Unternehmerbild identifizieren können (sich also eher als Unternehmer/in empfinden), auch eher konkrete Gründungspläne verfolgen. Die stärkere Identifikation mit der Unternehmerrolle geht mit einer um 8,8 % höheren Wahrscheinlichkeit einher, feste Gründungsabsichten zu haben. Bei der inhaltlichen Interpretation dieser Variable ist allerdings zu berücksichtigen, dass die Frage, ob man sich bereits als Unternehmer/in fühlt, von den befragten Personen auf einer fünfstufigen Skala von 1 ("Nein, auf keinen Fall") bis 5 ("Ja, uneingeschränkt") beantwortet wurde. Der in Tabelle 1 wiedergegebene Wert + 8,8 % gibt die durchschnittliche Veränderung auf dieser fünfstufigen Skala an. Das bedeutet, dass sich die Wahrscheinlichkeit, feste Gründungsabsichten zu haben, mit jeder Stufe um 8,8 % erhöht bzw. verringert.

Vergleicht man Personen, die sich auf keinen Fall als Unternehmer/in fühlen (Ausprägung = 1) mit denjenigen, die sich uneingeschränkt als Unternehmer/in empfinden (Ausprägung = 5), zählen Letztere mit einer um 44,1 % höheren Wahrscheinlichkeit zu dem Personenkreis mit festen Gründungsabsichten. Die zweite Variable zum Unternehmer/innenbild ist nicht signifikant.

Neben dem Unternehmer/innenbild hat eine Reihe von Kontrollvariablen signifikanten Einfluss auf die Gründungsneigung. Zentrale Bedeutung kommt dabei der Humankapitalausstattung der befragten Personen zu, konkret der Branchenerfahrung und einer höheren beruflichen Ausbildung. Personen, die über Branchenerfahrung in der zukünftigen Gründungsbranche verfügen, gehören mit einer um 22,7 % höheren Wahrscheinlichkeit zur Gruppe der werdenden Gründer als Personen ohne Branchenerfahrung. Individuen, die eine höhere berufliche Ausbildung abgeschlossen haben, weisen hingegen mit einer geringeren Wahrscheinlichkeit (- 6,7 %) feste Gründungsabsichten auf als Individuen ohne höhere berufliche Ausbildung. Dieser Befund kann dahingehend gedeutet werden, dass Personen mit höherem beruflichem Bildungsniveau bessere Chancen auf dem Arbeitsmarkt haben und sich bei der

---

6 Mit 65,1 % gaben die befragten Männer signifikant häufiger an, sich selbst als Unternehmer/in zu fühlen als die befragten Frauen mit 57,5 %, während umgekehrt die befragten Frauen mit 48,3 % signifikant häufiger angaben, wie eine Unternehmer/in behandelt werden zu wollen, als die befragten Männer mit 38,6 % (vgl. Werner u.a. 2005, S. 60).

Abwägung beider Erwerbsalternativen häufiger für die abhängige Beschäftigung entscheiden.[7]

Von den restlichen Kontrollvariablen haben sowohl die Motive "Unzufriedenheit mit der abhängigen Beschäftigung" und "mehr Unabhängigkeit bzw. Eigenständigkeit als Selbständiger" als auch eine ausgeprägte Kontrollüberzeugung einen signifikanten Einfluss auf die Gründungsneigung. Wie die Variablen zum Unternehmerbild wurden auch diese auf einer fünfstufigen Skala erfasst. Das bedeutet z.B. für das Unabhängigkeitsmotiv, dass sich die Wahrscheinlichkeit, demnächst gründen zu wollen, mit jeder Stufe auf der Skala nach oben bzw. nach unten um 3,6 Prozentpunkte erhöht bzw. verringert. Für diejenigen, die unzufrieden mit der abhängigen Beschäftigung sind, verändert sich die Wahrscheinlichkeit mit jeder Stufe um 2,4 Prozentpunkte. Und höhere Werte in der persönlichen Kontrollüberzeugung gehen einher mit einer um 4,8 Prozentpunkte höheren Wahrscheinlichkeit.

Als **Zwischenfazit** kann damit zunächst festgehalten werden:
Es besteht ein signifikanter Zusammenhang zwischen der Identifikationsfähigkeit potenzieller Gründer/innen mit dem Unternehmertum und der Gründungsneigung. Der Effekt der Variable ist zudem aufgrund seiner Stärke von Bedeutung. Die Frage allerdings, ob und inwieweit sich Männer und Frauen in den analysierten, gründungsrelevanten Merkmalen signifikant unterscheiden und wie sich solche Unterschiede auf das geschlechtsspezifische Gründungsverhalten auswirken, ist damit noch nicht beantwortet und bedarf weiterführender Analysen.

2.1.2. Geschlechtsspezifischer Einfluss der Gründungsdeterminanten

Für diese Analysen werden so genannte Interaktionsterme in die Regressionsgleichung eingeführt. Mit Hilfe solcher Interaktionsterme lässt sich überprüfen, ob geschlechtsspezifische Sondereffekte in den einzelnen Einflussfaktoren signifikant und damit verallgemeinerbar sind. Gebildet werden solche Interaktionsterme zur Überprüfung geschlechtsspezifischer Sondereffekte durch die Multiplikation der Geschlechterva-

---

7 Eine weiterführende Analyse zeigt, dass der negative Effekt der höheren Bildungsvariable auf die Gründungsneigung auf die (Fach)Hochschulausbildung zurückgeht. Personen, die dagegen einen Meisterabschluss vorweisen können, unterscheiden sich nicht signifikant in der Gründungsneigung von Personen ohne höhere Bildungsabschlüsse (Personen ohne Meister oder (Fach) Hochschulausbildung).

riable mit den anderen Einflussfaktoren (z.B. den Variablen zur Erfassung des Unternehmer/innenbildes).

Tabelle 2 zeigt ein Modell mit Interaktionstermen. Die Interaktionsterme spiegeln den Zusatzeffekt auf die Gründungsneigung wider, wenn sich Frauen als Unternehmerin fühlen bzw. wenn Frauen als Unternehmerin behandelt werden wollen. Die restlichen unabhängigen Variablen stimmen mit denen des in Tabelle 1 wiedergegebenen Modells überein und werden der Übersicht halber hier nicht noch mal aufgeführt.

Die Befunde in Tabelle 2 zeigen, dass keine geschlechtsspezifischen Sondereffekte in den Variablen zum Unternehmer/innenbild beobachtet werden können. Der entsprechende Interaktionsterm ist in beiden Fällen nicht signifikant. Das bedeutet, dass das Unternehmer/innenbild - zumindest in der hier gewählten Operationalisierung des Konstruktes über die beiden beschriebenen Variablen - keinen geschlechts-spezifischen Sondereinfluss auf die Gründungsneigung ausübt. Defizite in der Identifikationsfähigkeit als Unternehmer/in üben zwar einen negativen Einfluss auf die Gründungsneigung aus, dieser Einfluss ist jedoch für beide Geschlechter gleich stark.

Tabelle 2 Geschlechtsspezifische Unterschiede in der Gründungsneigung unter besonderer Berücksichtigung der unternehmerischen Selbstwahrnehmung

Interaktionseffekte (Zusatzeffekte für den Fall, dass Geschlecht = Frau)	Veränderung in den Wahrscheinlichkeiten
"Ich fühle mich als Unternehmer/In"	NS
"Ich will wie ein(e) Unternehmer(in) behandelt werden"	NS
	© IfM Bonn

Ausgewiesen sind Wahrscheinlichkeitsveränderungen, falls die entsprechenden Interaktionstermen signifikant mit einer Irrtumswahrscheinlichkeit on unter 10 Prozent ausfallen; NS = nicht signifikant; Konstanten nicht angeführt. Kontrollvariablen Persönlichkeitsfaktoren, Gründungsmotive, soziodemografische Merkmale) nicht aufgeführt.

Überprüft man die geschlechtsspezifischen Zusatzeffekte der restlichen Einflussfaktoren, so zeigt sich ein signifikanter Unterschied in der Variable "Höhere berufliche Ausbildung". Eine detaillierte Analyse dieses Effekts ist in Tabelle 3 wiedergegeben.

Zur Erinnerung: Der Basiseffekt ohne Interaktionsterme fiel signifikant negativ aus, was bedeutet, dass Männer und Frauen mit einem höheren beruflichen Ausbildungsabschluss seltener feste Gründungsabsichten bekunden als Männer und Frauen ohne höheren Berufsabschluss.

Tabelle 3: Geschlechtsspezifische Unterschiede in der Gründungsneigung unter besonderer Berücksichtigung des Humankapitals (inkl. Interaktionsterme aus dem Bereich Humankapital)

Interaktionseffekte	Veränderung in den Wahrscheinlichkeiten
Männer ohne höhere berufliche Ausbildung	Vergleichskategorie
Frauen ohne höhere berufliche Ausbildung	- 7,9 %
Frauen mit höherer beruflicher Ausbildung	- 8,0 %
Männer mit höherer beruflicher Ausbildung	11,3 % © IfM Bonn

Ausgewiesen sind Wahrscheinlichkeitsveränderungen, falls die entsprechenden Interaktionsterme signifikant mit einer Irrtumswahrscheinlichkeit von unter 10 Prozent ausfallen; NS = nicht signifikant; Konstanten nicht angeführt. Kontrollvariablen (Persönlichkeitsfaktoren, Gründungsmotive, sozio-demografische Merkmale) nicht aufgeführt.

Die Analyse unter Einbeziehung möglicher geschlechtsspezifischer Zusatzeffekte präzisiert diesen Befund: Verglichen mit Männern ohne höheren beruflichen Ausbildungsabschluss (Referenzkategorie) geben Frauen ohne höheren Berufsabschluss mit einer wesentlich geringeren Wahrscheinlichkeit (- 7,9 %) an, demnächst gründen zu wollen.

Während sich Frauen mit höherem Berufsabschluss kaum von Frauen ohne höheren Berufsabschluss in der Gründungsneigung unterscheiden, ist die Wahrscheinlichkeit, dass Männer mit höherem Berufsabschluss demnächst gründen wollen, um 11,3 % niedriger verglichen mit Männern ohne höhere Berufsabschlüsse. Betrachtet man schließlich nur die Personen, die über einen höheren Berufsabschluss verfügen, so zeigt sich, dass Frauen mit einer etwas höheren Wahrscheinlichkeit (+ 3,3 %) feste Gründungsabsichten bekunden.

Die unterschiedliche Gründungsneigung von Befragten mit und ohne höhere berufliche Ausbildung ist demnach nicht allein auf bessere Erwerbschancen am Arbeitsmarkt seitens der besser Gebildeten zurückzuführen; dagegen spricht die niedrigere Gründungsneigung von Frauen innerhalb der Gruppe ohne höhere berufliche Ausbildung. Da nicht nur der Stellenmarkt geschlechtsspezifisch segmentiert ist, sondern auch - wenn auch schwächer - der Bereich der selbständigen Erwerbsarbeit, gibt es für niedriger qualifizierte Frauen offenbar weniger Gelegenheiten zur beruflichen Selbständigkeit, sprich: geeignete Gründungsvorhaben, als für Männer ohne höhere berufliche Ausbildung. Dass dagegen beruflich hoch qualifizierte Frauen eher feste Gründungsabsichten entwickeln als ihre männlichen Pendants könnte seine Ursache darin haben, dass ein Teil dieser Frauen nach einer Unterbrechung ihrer Berufstätigkeit wegen Kindererziehung Schwierigkeiten hat, in eine adäquate abhängige Beschäftigung zurückzukehren.[8]

Die Analyse zeigt darüber hinaus nur noch einen weiteren geschlechtsspezifischen Unterschied in den gründungsrelevanten Einflussfaktoren auf. Dabei handelt es sich um das Motiv "Bessere Vereinbarkeit von Familie und Beruf" (vgl. Übersicht 5): Lediglich Frauen, die dem Motiv der besseren Vereinbarkeit von Familie und Beruf durch die geplante Selbständigkeit eine hohe Bedeutung beimessen, bekunden mit einer signifikant höheren Wahrscheinlichkeit (+ 6,2 %) feste Gründungsabsichten als Männer, die diesem Motiv keine Bedeutung beimessen (Vergleichsgruppe).

Keine Überraschung stellt der Befund dar, dass Frauen, die dieses Motiv als unwichtig erachten, unter sonst gleichen Umständen mit der gleichen Wahrscheinlichkeit gründen wollen wie die Männer in der Vergleichsgruppe. Bemerkenswert ist hingegen, dass Männer, die das Motiv ebenfalls als wichtig erachtet haben, c.p. nicht häufiger feste Gründungsabsichten bekunden als Männer, die dem Motiv keine Bedeutung beimessen. Mit anderen Worten: Das Motiv der erhofften besseren Vereinbarkeit von Familie und Beruf durch die geplante Aufnahme einer

---

8 Der geschlechtsspezifische Einfluss der Variable "Höhere Berufsausbildung" könnte auch darauf zurückzuführen sein, dass Frauen und Männer mittlerweile zwar ein nahezu identisches Berufsausbildungsniveau aufweisen, sich dahinter aber unterschiedliche berufliche Fachrichtungen verbergen, die sich nicht in gleicher Weise gut für eine spätere berufliche Selbständigkeit eignen.

selbständigen Erwerbsarbeit übt ausschließlich bei Frauen einen signifikanten Einfluss auf die Gründungsneigung aus.

Tabelle 4: Geschlechtsspezifische Unterschiede in der Gründungsneigung unter besonderer Berücksichtigung des Gründungsmotivs „Bessere Vereinbarkeit von Familie und Beruf"

Interaktionseffekte	Veränderung in den Wahrscheinlichkeiten
Männer, für die die "bessere Vereinbarkeit von Familie und Beruf" als Selbständiger kein wichtiges Gründungsmotiv darstellt	Vergleichskategorie
Frauen, für die das kein wichtiges Gründungsmotiv darstellt	NS
Männer, für die das ein wichtiges Gründungsmotiv darstellt	NS
Frauen, für die das ein wichtiges Gründungsmotiv darstellt	+ 6,2 % © IfM Bonn

Ausgewiesen sind Wahrscheinlichkeitsveränderungen, falls die entsprechenden unabhängigen Variablen signifikant mit einer Irrtumswahrscheinlichkeit von unter 10 Prozent ausfallen; NS = nicht signifikant; Konstanten nicht angeführt. Kontrollvariablen (Persönlichkeitsfaktoren, Gründungsmotive, soziodemografische Merkmale) nicht aufgeführt.

2.2. Einflussfaktoren auf den Gründungsvollzug

Während im vorangegangenen Abschnitt die Bestimmungsfaktoren zur individuellen Gründungsneigung analysiert wurden, stehen im Folgenden die verschiedenen Einflussfaktoren auf den tatsächlichen Gründungsvollzug im Blickpunkt. Zur besseren Vergleichbarkeit der Ergebnisse fließen in die multivariaten Berechnungen zum Gründungsvollzug dieselben Gründungsdeterminanten als unabhängige Variablen ein wie in die Berechnungen zur Gründungsneigung.

2.2.1. Allgemeiner Einfluss der Gründungsdeterminanten

In der nachfolgenden Tabelle 5 ist ein Logit - Modell wiedergeben, das den Einfluss des Unternehmer/innenbildes unter Berücksichtigung weiterer Faktoren auf den Gründungsvollzug schätzt.

Tabelle 5: Ergebnisse der Regressionsschätzungen zum Gründungsvollzug

Einflussfaktoren	Veränderungen i.d. Wahrscheinlichkeit
Unternehmer/innenbild	
"Ich fühle mich als Unternehmer/in" (ja)	+ 6,9 %
"Ich will wie ein/e Unternehmer/in behandelt werden" (stimme zu)	- 3,9 %
Humankapitalvariablen	
Abitur (ja)	NS
Höhere berufliche Ausbildung (ja)	NS
Branchenerfahrung (ja)	+ 21,5 %
Eltern selbständig (ja)	NS
Selbständigkeitserfahrung (ja)	NS
Gründungsmotive	
Drohende oder bestehende Arbeitslosigkeit (wichtig)	+ 5,1 %
Bessere Verdienstmöglichkeiten (wichtig)	NS
Unzufriedenheit mit der abhängigen Beschäftigung (wichtig)	NS
Unabhängigkeit / Eigenständigkeit (wichtig)	NS
Bessere Vereinbarkeit von Familie und Beruf (wichtig	NS
Persönlichkeitsfaktoren	
Machbarkeitsdenken (trifft zu)	NS
Leistungsmotivation (trifft zu)	+ 4,4 %
Soziodemografische Variablen	
Geschlecht (Frau)	NS
Alter (in Jahren)	NS
Kinder (ja)	NS
Geschieden (ja)	NS
Regionale Einflussfaktoren	
Dresden	NS
Berlin	NS
Sonstige Einflussfaktoren	
Zweites Haushaltseinkommen (ja)a)	+ 24,5 %
Gründungsabsicht zum Zeitpunkt des Messebesuchs vorhanden	+ 29,2%
LR-Chi-Quadrat	75,54
McFadden R²	0,202
	© IfM Bonn

Ausgewiesen sind Wahrscheinlichkeitsveränderungen, falls die entsprechenden unabhängigen Variablen signifikant mit einer Irrtumswahrscheinlichkeit von unter 10 Prozent ausfallen;
NS = nicht signifikant; Konstanten nicht angeführt.   Die   Variable
"Zweites Haushaltseinkommen" wurde im Gegensatz zu den anderen
Variablen nicht im Zuge der Messebefragung, sondern im Rahmen
der Folgebefragung erhoben.

Im Hinblick auf das Unternehmer/innenbild zeigt sich, dass diejenigen, die sich zum Zeitpunkt der Erstbefragung stärker mit der Unternehmerrolle identifizieren konnten, ihre Gründungspläne bis zum Zeitpunkt der Folgebefragung eher realisiert haben. Die Wahrscheinlichkeit zu gründen erhöht sich im Durchschnitt mit jeder Stufe auf der beschriebenen fünfstufigen Messskala um 6,9 %. Vergleicht man nun Personen, die sich zum Zeitpunkt des Messebesuchs überhaupt nicht als Unternehmer/in empfunden haben (Ausprägung der Variable = 1), mit denjenigen, die sich bereits zum Zeitpunkt der Messe uneingeschränkt als Unternehmer/in empfunden haben (Ausprägung = 5), gründen Letztere mit einer um 34,5 % höheren Wahrscheinlichkeit.

Damit erweist sich die Identifikationsfähigkeit als Unternehmer/in im Vorfeld der Gründung sowohl für die Gründungsneigung als auch für den Gründungsvollzug als bedeutsam. Auch für die zweite Variable zur Erfassung des Unternehmerbildes ("Ich will wie ein/e Unternehmer/in behandelt werden", Antwortmöglichkeiten: "1 = stimme ich nicht zu" bis "5 = stimme ich zu") sind signifikante Zusammenhänge messbar. Zur Erinnerung: Hohe Werte deuten hier auf ein starkes Bedürfnis, von der Umwelt als Unternehmer/in akzeptiert werden zu wollen, hin.

Die Antworten zeigen, dass diejenigen, die zum Zeitpunkt der Messebefragung unter sonst gleichen Umständen ein starkes Bedürfnis nach Anerkennung in der Unternehmerrolle bekunden, ihr Gründungsvorhaben jedoch mit einer niedrigeren Wahrscheinlichkeit realisieren (- 3,9 % im Durchschnitt auf der fünfstufigen Messskala). Wird den potenziellen Gründer/innen also nicht in der erhofften Weise als Unternehmer/in begegnet, wird die Gründungsplanung eher abgebrochen. Es ist also durchaus bedeutsam, ob eine gründungsgeneigte Person den Stereotypen des gesellschaftlichen Bildes vom Unternehmertum entspricht.

Analog zur Gründungsneigung erweist sich die gründungsrelevante Branchenerfahrung als von zentraler Bedeutung für den tatsächlichen Schritt in die Selbständigkeit: Personen, die zum Zeitpunkt der Messe bereits über Branchenerfahrung verfügten, haben mit einer um 21,5 % höheren Wahrscheinlichkeit ihre Gründungspläne bis zur Folgebefragung realisiert. Ein höherer beruflicher Ausbildungsabschluss, der Einfluss auf die Gründungsneigung hat, ist für den Gründungsvollzug hingegen ohne Bedeutung.

Anders beim Gründungsmotiv "Drohende oder bestehende Arbeitslosigkeit". Dies hatte keinen Einfluss auf die Gründungsneigung, dafür aber auf den Gründungsvollzug: Je stärker aus dem Arbeitslosigkeitsmotiv heraus gegründet wird, desto größer fällt die Wahrscheinlichkeit aus, den Schritt in die Selbständigkeit auch zu vollziehen - und zwar mit durchschnittlich 5,1 % pro Stufe auf der beschriebenen fünfstufigen Messskala.

Von den Persönlichkeitsfaktoren übt eine ausgeprägte Leistungsorientierung ("need for achievement") einen signifikant positiven Einfluss auf den Gründungsvollzug aus (+ 4,4 % im Durchschnitt je Stufe auf der fünfstufigen Messskala).

Während also in der Vorbereitungsphase die Überzeugung wichtig ist, das Leben selbst gestalten zu können, spielt für den tatsächlichen Gründungsvollzug eine starke Leistungsorientierung die entscheidende Rolle. Darüber hinaus üben ein vorhandenes zweites Haushaltseinkommen (+ 24,5 %) als Indikator für die Überwindung möglicher Kapitalrestriktionen und eine früh gefestigte Gründungsabsicht (+ 29,2 %) einen signifikanten Einfluss auf den tatsächlichen Schritt in die Selbständigkeit aus.

2.2.2. Geschlechtsspezifischer Einfluss der Gründungsdeterminanten

Die geschilderten Befunde wurden wiederum dahingehend überprüft, ob einzelne Variablen speziell für den Gründungsvollzug von Frauen von Bedeutung sind. Dazu wurden wiederum Interaktionsterme mit den unabhängigen Variablen und der Geschlechtervariable gebildet und in die Regressionsgleichung aufgenommen. Es zeigten sich jedoch keinerlei Sondereffekte für Frauen. Das heißt, haben Frauen und Männer erst einmal Gründungsabsichten und eine Geschäftsidee entwickelt, dann wird die Umsetzung der Pläne nicht geschlechtsspezifisch durch Motive, Ziele, Einstellungen oder Leitbilder beeinflusst.

3. Resümee

Zwar haben die multivariaten Analysen gezeigt, dass Defizite sowohl in der Identifikationsfähigkeit mit der zukünftigen Rolle als Unternehmer/in als auch in der Selbst- und Fremdwahrnehmung als Unternehmer/in

Einfluss auf die Gründungsneigung und den -vollzug ausüben, d.h. sie verringern die Wahrscheinlichkeit, demnächst zu gründen bzw. gründen zu wollen. Im Gegensatz zu den theoretischen Überlegungen haben die Analysen aber auch gezeigt, dass sich dieser Einfluss in den hier betrachteten Phasen des Gründungsprozesses unabhängig vom Geschlecht der Befragten vollzieht. Die untersuchungsleitende Hypothese konnte mithin nicht bestätigt werden.

Aufgrund des Erhebungsdesigns blieb die Vorphase der Entwicklung eines Gründungsinteresses unbeobachtet. Um auch für diese Phase die Bedeutung des Unternehmer/innenbildes für die Entwicklung einer Gründungsneigung bewerten zu können, müssten ergänzende repräsentative Bevölkerungsbefragungen durchgeführt werden. Weitere empirische Untersuchungen könnten zudem Auskunft darüber geben, ob die gewonnenen Befunde auch bei modifizierten Operationalisierungen der Identifikation mit dem Bild vom Unternehmertum Gültigkeit haben.

Literatur

Fagenson, Ellen A./**Marcus,** Eric C. (1991): Perceptions of the Sex-Role Stereotypic Characteristics of Entrepreneurs: Women's Evaluation, in: Entrepreneurship: Theory and Practice, Summer, S. 33-47

Kay, Rosemarie/**Günterberg,** Brigitte/**Holz,** Michael/**Wolter,** Hans-Jürgen (2003): Unternehmerinnen in Deutschland, Gutachten im Auftrag des Bundesministeriums für Wirtschaft und Arbeit – Langfassung –, BMWA-Dokumentation Nr. 522, Berlin

Kranzusch, Peter (2005): Die Besucher von Gründungsmessen - Ergebnisse aus Besucherbefragungen der Gründungsmessen in Berlin, Dresden und Essen, in: IfM Bonn (Hg.): Jahrbuch zur Mittelstandsforschung 1/2005, Schriften zur Mittelstandsforschung Nr. 108 NF, Wiesbaden, S. 1-46

Leicht, René/**Welter,** Friederike/**Fehrenbach,** Silke (2004): Geschlechterunterschiede in beruflicher Selbstständigkeit: Zum Stand der Forschung, in: Leicht, René/Welter, Friederike (Hg.): Gründerinnen und selbständige Frauen. Potenziale, Strukturen und Entwicklungen in Deutschland, Karlsruhe, S. 10-40

Leicht, René/**Lauxen-Ulbrich,** Maria. (2004): Umfang und längerfristige Entwicklung selbstständiger Frauen, in: Leicht, René/Welter, Friederike (Hg.): Gründerinnen und selbstständige Frauen. Potenziale, Strukturen und Entwicklungen in Deutschland, Karlsruhe, S. 41-53

Leyens, Jacques-Philippe/**Yzerbyt,** Vincent/**Schadron,** Georges (1994): Stereotypes and Social Cognition, London u.a.

Minniti, Maria/**Arenius,** Pia/**Langowitz,** Nan (2005): Global Entrepreneurship Monitor. 2004 Report on Women and Entrepreneurship, Babson Park

MittelstandsMonitor (2004): Chancen zum Aufschwung nutzen. Jährlicher Bericht zu Konjunktur- und Strukturfragen kleiner und mittlerer Unternehmen, Hrsg. von Verband der Vereine Creditreform, Institut für Mittelstandsforschung Bonn, Zentrum für Europäische Wirtschaftsforschung, Rheinisch-Westfälisches Institut für Wirtschaftsforschung und KfW-Bankengruppe, Frankfurt/M.

Parker, Simon C. (2004): The Economics of Self-Employment and Entrepreneurship, Cambridge

Powell, Gary N. (1987): The Effects of Sex and Gender on Recruitment, in: Academy of Management Review, Vol. 12, No. 4, S. 731-743

Statistisches Bundesamt (2004): Gewerbanzeigen 2003, Wiesbaden

Statistisches Bundesamt (2005): Gewerbanzeigen 2004, Wiesbaden

Verheul, Ingrid/**Uhlaner,** Lorraine/**Thurik,** A. Roy (2002): Entrepreneurial Activity, Self-Perception and Gender, ERIM Report No. ERS-2002-03-STR, Rotterdam

Welter, Friederike (2004): Institutionelle Einflüsse auf Gründerinnen und Unternehmerinnen, in: KfW Bankengruppe (Hg.): Chefinnensache. Frauen in der unternehmerischen Praxis, Heidelberg, S. 33-69

Werner, Arndt/**Kranzusch**, Peter/**Kay**, Rosemarie (2005): Unternehmerbild und Gründungsentscheidung. Genderspezifische Analyse. Schriften zur Mittelstandsforschung Nr. 109 NF, Wiesbaden

Diskussion

Andrea Bührmann:
Auch wenn sich Menschen als Unternehmerin oder Unternehmer verstehen, kann man sich darunter alles Mögliche vorstellen. Haben Sie vor, repräsentativ zu erheben, was eigentlich eine Unternehmerin oder ein Unternehmer ist?

Rosemarie Kay:
Das war ursprünglich unsere Idee bei dieser Befragung, aber es stellte sich als relativ schwieriges Vorhaben in einer standardisierten Befragung heraus. Wie erfassen Sie das?
Wir hatten in der ursprünglichen Befragung eine ganze Reihe von Statements, von denen wir uns Auskunft erhofft haben über das Bild, das die Befragten davon haben, was Unternehmer können müssten. Das haben wir in der Frühphase des Projektes ausgewertet und auch kommuniziert. Aber es hat keine dramatischen Unterschiede in den Aussagen zwischen den Geschlechtern gegeben. Vielleicht lag es an der Anlage der Untersuchung, das will ich nicht ausschließen - aber es kamen nicht so viele Differenzen heraus. Die Frauen waren manchmal ein bisschen strenger und zweifelten eher an ihren Vorstellungen davon, was Unternehmer auszeichnen müsste. Oder wen sie als erfolgreich bezeichnen würden. Die meisten Unterschiede die wir identifizieren konnten, haben sich nicht als signifikant erwiesen.

Weil daraus keine validierbaren Ergebnisse abzuleiten waren, sind wir noch einen Schritt weiter gegangen und haben jetzt versucht, andere Variablen hinzu zu ziehen. Aber die spannende Frage ist natürlich, welches Bild haben die Befragten selbst? Bloß, wie fragen Sie das? Wenn Sie dazu eine gute Idee haben nehmen wir das gerne auf. Wir machen die Befragungen weiter. Es gibt also noch Möglichkeiten, da noch mal mit einem anderen Ansatz heranzugehen.

Andrea Bührmann:
Ich glaube, das ist wahrscheinlich eine ganz grundsätzliche Fragestellung, die über eine rein quantitative Untersuchungen allein nicht zu aussagekräftigen Ergebnissen führt. Da sollte man vielleicht zusätzlich explorative Studien ins Auge fassen.

Rosemarie Kay:
Also wie gesagt, wir hatten den Versuch unternommen. Aber das hat nicht zu dem erhofften Ergebnis beigetragen. Und ich weiß auch heute noch nicht hundertprozentig, wie man es besser machen könnte.

Cornelia Rövekamp:
Aber es kann ja durchaus sein, dass die befragten Frauen ein Selbstbild haben, das eigentlich typisch männlich ist. Und das wäre doch auch ein interessantes Ergebnis, wenn selbst Frauen ein Unternehmerbild, oder ein Unternehmerinnenbild, haben, das männlich geprägt ist. Das fände ich auch spannend.

Rosemarie Kay:
Auch solchen Fragen sind wir in der Anfangsphase des Projektes nachgegangen. Wobei dann die Frage ist, was ist männlich und was ist weiblich. Und was ist jetzt typisch für irgendetwas. Da hab ich persönlich ein bisschen Schwierigkeiten. Aber wir fanden es auch interessant und ich habe dieses Spiel mit meinen Kollegen auch schon betrieben: Was ist eher männlich und was ist eher weiblich, und was wären eher weibliche Eigenschaften und was wären eher männliche Eigenschaften. Es sind dabei auch ein paar interessante Sachen heraus gekommen, aber der ganz große Wurf ist es auch nicht gewesen. So in dieser Eindeutigkeit wie wir uns das vorstellen, hat sich das eben nicht gezeigt.

Cornelia Rövekamp:
Vielleicht müsste man die Personen selber fragen, wo sie das einordnen würden. Das ist aber wahrscheinlich nichts, was man in einem Fragebogen erfahren oder erfragen kann. Was mich hinsichtlich Ihres Fragebogens aber noch mal interessiert: Haben Sie da auch offene Fragen gestellt oder waren das alles geschlossene Fragen?

Rosemarie Kay:
Es sind im Wesentlichen geschlossene Fragen. Ich weiß aus eigener Erfahrung, dass man bei offenen Fragen immer die Hoffnung hat, durch diese Methode bessere Ergebnisse zu erhalten. Aber meine persönlichen Erfahrungen mit Befragungen zeigen auch, dass häufig leider gar nichts Besseres dabei herauskommt.
Abgesehen davon machen offene Fragen ungeheuer viel Arbeit, das bedeutet ja auch wirklich Introspektion usw. Diese Arbeit lohnt sich dann häufig gar nicht, weil die Leute kein Interesse daran haben, ernst-

haft nachzudenken. Es ist ja nicht so, dass die im Übermaß durch unsere Fragen beansprucht würden, aber die Befragten wollen trotzdem möglichst schnell alles abhandeln. Wie gesagt; ich denke, dass Sie Im Prinzip Recht haben. Aber meine praktischen Erfahrungen sprechen dagegen.

Cornelia Rövekamp:
Vielleicht liegt diese Unlust, sich tiefer in die ganze Materie einzulassen, ja auch an den unterschiedlichen Orten, an denen Sie die Befragungen durchführen?

Rosemarie Kay:
Das hat damit nichts zu tun. Sie können Leute sogar zu Hause befragen: Je mehr Engagement sie an den Tag legen sollen, desto stärker sinkt ihre Bereitschaft, zu antworten. Das können Sie vielleicht mit explorativen Interviews machen, wenn Sie wirklich ausführliche Gespräche führen. Dann haben Sie Leute, die sich bereiterklärt haben, zwei Stunden mit Ihnen zu sitzen. Aber mit einer quantitativen Erhebung ist das wirklich schwierig.

Cornelia Rövekamp:
Also, bei qualitativen Methoden fiele mir schon was ein, zum Beispiel die Repertory Grid -Technik. Bei der könnte man Bilder vorlegen, um herauszufinden, was die Befragten mit diesen Bildern verbinden. Aber das sind wie gesagt qualitative Methoden.

Friederike Welter, Leona Achtenhagen

Unternehmerinnenbild und Unternehmerinnenidentität

Einleitung

„Magnolie aus Stahl" – so die Charakterisierung von *Jil Sander* in der deutschen Presse. „Süßes Leben mit bitteren Noten" betitelte eine andere Zeitung den Bericht über eine Übergabe eines Konditorgeschäfts an eine junge Unternehmerin, die bald darauf wieder verkaufte.

Bereits diese wenigen Zeilen lassen erkennen, dass die Presse in Deutschland gerne Bilder benutzt, um über Unternehmerinnen und Gründerinnen zu berichten, damit aber auch bestimmte Stereotype im Hinblick auf Unternehmerinnen vermittelt. Vor dem Hintergrund der Anstrengungen, Unternehmerinnen zu fördern, ist ein Blick auf die Art der Berichterstattung in der deutschen Presse wichtig, gestehen doch immerhin 80% der deutschen Bevölkerung den Medien einen großen Einfluss auf die politische Entscheidungsfindung zu. (*Gleich*, 1998) Zugleich übermitteln Medien kulturelle Werte und Einstellungen, an denen sich die Bevölkerung ausrichtet. (*Soothill* und *Grover* 1997)

Überträgt man dies darauf, welche Bilder potenziellen und angehenden Unternehmerinnen mittels des Pressediskurses vermittelt werden und welche Unternehmerinnenidentität damit transportiert wird, erlaubt eine Medienanalyse einen näheren Blick auf die kontextbezogene Einbettung unternehmerischen Handelns. Es wird davon ausgegangen, dass das von und in den Medien vermittelte Bild von Unternehmerinnen und Gründerinnen das unternehmerische Engagement von Frauen beeinflusst. So bestätigt eine jüngere Studie des Instituts für Mittelstandsforschung Bonn, dass bei Defiziten in der Identifikation als Unternehmer/in die Gründungsneigung negativ beeinflusst wird. (*Werner* et al. 2005)

Vor diesem Hintergrund setzt sich der vorliegende Artikel mit der Berichterstattung über Unternehmerinnen in Deutschland auseinander. Untersucht werden Trends und Muster in ausgewählten überregionalen Zeitungen im Diskurs über Unternehmerinnen, um Einblick in die von der Presse konstruierten und vermittelten Unternehmerinnenbilder zu gewinnen. Uns interessiert insbesondere, welche Unternehmerinnenidentität als wünschenswert transportiert wird und welche Schlussfolgerungen sich daraus für Forschung und Förderpraxis ableiten lassen. [1]

Nach einem Abriss des theoretischen Rahmens stellen wir die Methode und erste Ergebnisse einer Analyse des Unternehmerinnenbegriffs vor, gefolgt von einem kurzen Resümee und Implikationen.

1. Zur institutionellen Einbettung von Unternehmertum [2]

Unternehmerisches Handeln und auch das Interesse an unternehmerischer Betätigung sind institutionell eingebettet und werden vielfältig beeinflusst. In der Terminologie der von Douglass North entwickelten, auf wirtschaftsgeschichtlich vergleichenden Studien aufbauenden theoretischen Überlegungen, prägen so genannte *formelle und informelle Institutionen* unternehmerisches Verhalten. (*North* 1990, 1995)

Generell reduzieren Institutionen die Unsicherheit menschlicher Interaktionen.[3] Sie sind die Spielregeln menschlichen Handelns und beeinflussen damit Handlungsspielräume und -muster: „In sum, institutions and structures define what actors can do, what is expected from them, or they must do, and what is advantageous for them. In this way, they give stability and predictability to economic interaction." (*Dallago*, 2000: 305) Institutionen definieren sich als ein gemeinsames System von Regeln bzw. Verhaltensrestriktionen, die wechselseitig respektiert werden und sanktioniert werden können und darüber dem Individuum die Bildung verlässlicher Erwartungen erlauben. (*Leipold* 1999) [4]

---

1 Seit Mai 2005 wird das Projekt dankenswerterweise vom Ministerium für Generationen, Familie, Frauen und Integration des Landes Nordrhein-Westfalen unterstützt. Die hier berichteten Ergebnisse beziehen sich vor allem auf Arbeiten, die von den beiden Autorinnen in den Jahren 2003 und 2004 durchgeführt wurden. Vgl. dazu Achtenhagen und Welter (2003a, 2003b, 2005).

2 Dieser Abschnitt ist eine überarbeitete und gekürzte Fassung von Ausführungen in Welter (2003, 2004).

3 Damit Institutionen funktionieren und den individuellen Handlungsspielraum bestimmen können, muss neben persönlichem auch institutionelles Vertrauen existieren.

4 Neben legalen Sanktionsmechanismen spielt in diesem Zusammenhang auch Vertrauen als implizite Sanktionskomponente eine wichtige Rolle für ein konsistentes Institutionengefüge, in dem formelle und informelle Institutionen aufeinander abgestimmt sind und individuelles (wirtschaftliches) Handeln nicht nur begrenzen, sondern im Grunde erst ermöglichen (vgl. Casson 1993, Dallago 2000).

Formelle Institutionen beziehen sich auf politische, rechtliche und wirtschaftliche Regeln und Verträge, informelle Institutionen umfassen gesellschaftlich internalisierte und sozial sanktionierte Verhaltensregeln und -normen. Letztere sind dabei zum einen das Ergebnis formeller Institutionen, die sie wiederum modifizieren und deren Anwendung bzw. Umsetzung sie über ungeschriebene Regeln – Auslegungs- und Interpretationsmöglichkeiten – mit gestalten. (North 1990) Informelle Institutionen entstehen aber auch durch gesellschaftliche Ent-wicklungsprozesse: „They come from socially transmitted information and are a part of the heritage that we call culture." (North 1990: 37) Und in diesem Zusammenhang spielen Medien eine wichtige Rolle als ein möglicher Transmissionsweg derartiger Informationen.

Politik und Wirtschaft bilden mit der Festlegung von kodifizierten Regeln die formellen Institutionen, die Kultur (als Sammelbegriff unterschiedlicher Sub-Kulturen) die informellen Institutionen eines Wirtschafts- und Gesellschaftssystems. Allerdings ist hier keine scharfe Trennung möglich, da der individuelle Handlungsspielraum auch in Politik und Wirtschaft von informellen Regeln mitgeformt wird.

Im Wirtschaftsrecht beispielsweise füllen erst die gängigen Rechtsauslegungen diejenigen Lücken der Gesetzgebung, die sich im tagtäglichen Umgang mit dem geschriebenen Recht erkennen lassen. *Picot* et al. (1999) unterscheiden hier zwischen fundamentalen Institutionen, die evolutionär als Ergebnis menschlichen Handelns entstanden sind und durch bewusste Eingriffe kaum beeinflusst werden können, und sekundären bzw. abgeleiteten Institutionen verschiedener Stufen. Zu ersteren zählen dann beispielsweise Sprache und Geld, die Menschenrechte sowie gesellschaftliche Grundregeln und -normen.

Politische Regeln definieren die gesamte politische Struktur mit ihren Organisations-, Entscheidungs-- und Kontrollmechanismen und darüber die wirtschaftlichen Regeln, die wiederum Eigentums- und Verfügungsrechte bestimmen. (North 1990)

Über system- und ordnungspolitische Entscheidungen wie beispielsweise die Festschreibung von privaten Eigentumsrechten wird die rechtliche und institutionelle Basis für jegliche unternehmerische Tätigkeit gelegt. Aktuelle wirtschaftspolitische und politische Maßnahmen, aber auch die aktuelle wirtschaftliche Situation wie die Kaufkraft oder Nachfragepräferenzen der Verbraucher bestimmen dann den jeweils gültigen formellen Handlungsspielraum von Individuen.

Kultur kann verstanden werden als „kollektive Subjektivität" (*Casson* 1995: 89) - als Gesamtheit der von den Individuen geteilten Werte, Haltungen, gemeinschaftlichen Handlungsmuster und Normen, die der Einzelne im Sozialisationsprozess verinnerlicht und die von Generation zu Generation überliefert werden. Kultur entscheidet in der Betrachtungsweise der Institutionenökonomik zunächst, wie Information verarbeitet und genutzt wird, und beeinflusst darüber die Ausdifferenzierung informeller Institutionen. (*Boyd* und *Richerson* 1994: 74, *North* 1990) Sie bestimmt damit wesentlich, welche Handlungsmuster sich bei Individuen gehäuft finden. In dieser Hinsicht bedingen kulturelle Normen beispielsweise, inwieweit Unternehmerinnen ein toleriertes bzw. akzeptiertes Phänomen sind. (*Welter* 2004) Kultur legt also in Form von allgemein gültigen gesellschaftlichen Regeln individuelle Handlungsmuster eines Individuums fest und beeinflusst so die generell zur Verfügung stehenden bzw. die vom Individuum wahrgenommenen Handlungsmöglichkeiten. Formelle Institutionen beeinflussen also Art und Umfang der unternehmerischen Tätigkeit von Frauen, indem sie die möglichen Opportunitätsfelder festlegen.

Informelle Institutionen, und hier vor allem kulturelle „Leitbilder" bestimmen die Wahrnehmung von Gründungschancen. Zwar unterscheidet sich diese Opportunitätsrezeption von Person zu Person je nach deren individuellem Hintergrund und Erfahrungen. Aber Leitbildern kommt hier eine bedeutende Funktion zu, da sie das gesellschaftlich erwünschte Verhalten „regeln".

In diesem Zusammenhang nehmen öffentliche Diskurse, wie sie sich in Medien finden, eine wichtige Stellung ein, da darüber generell akzeptierte Werthaltungen und Normen vermittelt werden. Diskurse haben Macht über die Bevölkerung und beeinflussen deren Einstellungen und Aktivitäten. So richten sich Erwerbshandlungen von Frauen auch danach, „was in der Gesellschaft als wünschenswerte und „richtige" Arbeitsteilung zwischen den Geschlechtern gilt" (*Holst* 2001: 12). In dieser Hinsicht versteht die deutsche Gesellschaft die Unternehmerrolle (immer noch) als eine männliche. Das hat seine Wurzeln bereits in der späten Industrialisierung, in der sich das „Konzept des heroischen Einzelkämpfers" durchsetzte und dies dazu führte, dass Unternehmertum als männliche Angelegenheit wahrgenommen wurde. (*Schmidt* 2002)

In Bezug auf Unternehmerinnenleitbilder unterscheidet *Hodenius* zwischen familien- und berufsorientierten Unternehmerinnenleitbildern: Beide Typen verfolgen einen „...eher traditionellen weiblichen Lebensentwurf" und akzeptieren vorherrschende Rollenzuweisungen und Verhaltensweisen anstatt diese zu hinterfragen. (Hodenius 1997) Damit ordnen sich Unternehmerinnen allerdings freiwillig „typisch weiblichen" Merkmalen unter. Da die (deutsche) Gesellschaft männliche Eigenschaften positiver einschätzt als weibliche (Holst 2002), steht diese Klassifizierung von unternehmerischen Merkmalen einer positiven Wahrnehmung der „Unternehmerin" im Wege. Dies kann sowohl Auswirkungen auf die Gründungsneigung wie auch auf Wachstumsorientierungen von Unternehmerinnen haben, falls Frauen Unternehmertum für sich selbst als sozial sanktioniert wahrnehmen. (*Voigt* und *Kling* 1997: 53)

2. Methodisches Vorgehen

Die *Diskursmethodik* ist von den Autorinnen für den Bereich der Gründungsforschung in Bezug auf Medienanalysen angepasst worden (*Achtenhagen* und *Welter*, 2006). Bisher erhoben und teilweise ausgewertet wurde die Diskussion um den Unternehmerinnenbegriff in einem repräsentativen Querschnitt der deutschen Presse. Dazu gehören die Berliner Zeitung, die Bild, die Frankfurter Allgemeine Zeitung (FAZ), das Neue Deutschland (ND), die Süddeutsche Zeitung (SZ), die Tageszeitung (TAZ) und die Welt.

Die Zeitungen wurden anhand mehrerer Kriterien ausgewählt wie Auflage und Leserschaft, Grundausrichtung der Zeitung (Abbildung 1), regionale Ausrichtung, damit ost- und westdeutsche Pressemedien vertreten waren, sowie Recherchemöglichkeiten in elektronisch verfügbaren Archiven. (Internet, CD-ROM)

Abbildung 1:

Einordnung der analysierten Zeitungen

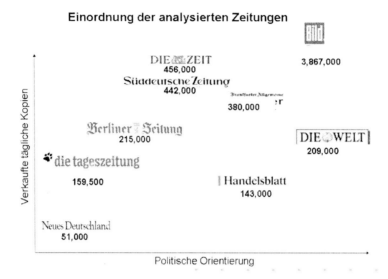

Die Medienanalyse erfolgt in zwei aufeinander abgestimmten Schritten: Zunächst wird der so genannte „Grand Diskurs" untersucht. Dazu wird die quantitative Entwicklung des Suchbegriffes über den Untersuchungszeitraum hinweg betrachtet: Wie viele Artikel sind in den verschiedenen Zeitungen von 1995 bis 2003 publiziert worden? Des Weiteren wird, soweit dies machbar ist, die externe Einbettung in der jeweiligen Zeitung untersucht:

- In welchen Zeitungskategorien werden die Begriffe diskutiert (z.B. Wirtschaft, Gesellschaft/Feuilleton, Politik)?
- Welche Veränderungen lassen sich hier über den Untersuchungszeitraum hinweg erkennen?
- Inwieweit ist Unternehmerinnentum eher ein gesellschaftliches, ein wirtschaftliches oder ein hauptsächlich auf der politischen Agenda vorkommendes Phänomen?

Im zweiten Schritt erfolgt die Untersuchung des Diskurses auf der Mesoebene. Hier geht es zunächst darum, die interne Einbettung des Diskurses innerhalb eines Artikels zu analysieren: Sind die Suchbegriffe der Hauptfokus des Artikels (z.B. bei Unternehmerinnenportraits) oder ein Nebenfokus (z.B. bei der beschreibenden Verwendung des Begriffes Unternehmerin)? Danach werden Sprache und Bilder, die mit der Berichterstattung transportiert werden, betrachtet und im Hinblick auf unsere Untersuchungsfragen bewertet.

Die Suche erfolgt über Online-Archive, CD-Roms bzw. bei Bild und dem Neuen Deutschland über Rechercheaufträge. Sämtliche Artikel für die Suchbegriffe „Unternehmerin*", „Gründerin*" und anfänglich auch für „Frau & selbst(st)ändig" sowie „weiblich & selbst(ständig) wurden herunter geladen und von den Autorinnen katalogisiert. Die Auswertung der beiden letzten Begriffe wurde mittlerweile aufgrund des Umfangs der zu bearbeitenden Artikel, von denen zudem die meisten sachfremder Natur sind, abgebrochen. Abbildung 2 gibt einen Überblick über den Stand der Suche im Sommer 2005. [5]

Abbildung 2:

Gesamtanzahl der Artikel von 1995-2003

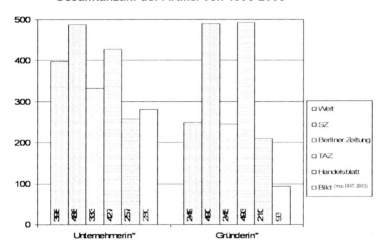

Die quantitative Auszählung der Artikel und Zuordnung zu den entwickelten Kategorien erfolgt über ein Tabellenkalkulationsprogramm. Sachfremde Artikel (wie beispielsweise über eine Unternehmerinitiative) wurden herausgenommen. Dabei haben beide Autorinnen die Katego-

---

5 Im Rahmen des vom MGFFI geförderten Projektes ist mittlerweile eine Aufdatierung auf 2004 für die Begriffe Unternehmerin und Gründerin sowie eine Auswertung des Grand-Diskurses für beide Begriffe und alle untersuchten Zeitungen erfolgt. Als weiterer Schritt steht eine tiefer gehende qualitative Analyse beider Begriffe auf der Mesoebene an.

rienzuordnung der Partnerin gegenseitig stichprobenweise überprüft und zweifelhafte Zuordnungen diskutiert, um die Ergebnisse zu validieren. Ähnlich wird bei der qualitativen Auswertung vorgegangen, bei der es darauf ankommt, typische Bilder und Muster in der Berichterstattung zu identifizieren.

3. Der Unternehmerinnendiskurs in Deutschland: ausgewählte Ergebnisse

Insgesamt ist die Anzahl der Artikel zum Thema „Unternehmerin" von 1995 (bzw. 1997 für die *Bild*) bis 2003 erheblich gestiegen (Tabelle 1). Über den Untersuchungszeitraum hinweg wurden 2.405 Artikel veröffentlicht, davon der größte Anteil in der *FAZ*, gefolgt von der *SZ*, der *TAZ* und der *Welt*. So positiv dieser Trend auch zu bewerten ist, so zeigt ein Vergleich zur Artikelanzahl über Unternehmer einen immer noch weiten Abstand. Im gleichen Zeitraum wurden beispielsweise in der *Welt* 9.069 Artikel über Unternehmer (bereinigt um den Begriff „Unternehmerin") veröffentlicht, verglichen mit 397 Artikeln über Unternehmerinnen!

Tabelle 1: Entwicklung des Suchbegriffs "Unternehmerin*", 1995-2003

	1995	1996	1997	1998	1999	2000	2001	2002	2003	Gesamt
Berliner Zeitung	27	29	25	19	24	19	29	38	30	240
Bild			17	24	36	28	40	34	48	227
FAZ	54	72	28	42	44	46	33	124	93	536
ND	11	13	16	10	9	8	10	16	12	105
SZ	42	41	29	44	58	52	78	93	58	495
TAZ	39	49	48	52	48	54	39	51	25	405
Welt	2	8	5	9	33	46	102	97	95	397
Gesamt	175	212	168	200	252	253	331	453	361	2405

Quelle: Eigene Abfragen und Auftragsrecherchen bei ND und Bild, Stand: August 2004. – Zahlen bereinigt um sachfremde Artikel. Bild: 1997 ab September.

Wie ordnet sich diese Entwicklung des Grand Diskurses in das Umfeld für Unternehmerinnen in Deutschland ein? Abbildung 3 verdeutlicht dies, indem den quantitativen Trends der Berichterstattung einige generelle Entwicklungstrends in der Unternehmerinnenförderung gegenüber gestellt werden. Allerdings implizieren wir damit keinerlei kausale Zusammenhänge, sondern versuchen lediglich, die Einbettung des Mediendiskurses in das weitere Umfeld zu verdeutlichen.

Abbildung 3:

Der "Grand" Diskurs über Unternehmerinnen 1997-2003

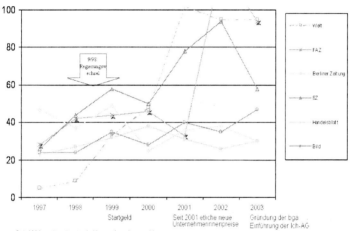

So ist nicht jegliches Wachstum in der Anzahl der veröffentlichten Artikel unbedingt ein Hinweis auf die wachsende Bedeutung von Unternehmerinnen. Beispielsweise ist im Jahr 2001 ein deutlicher Anstieg in der Artikelanzahl in einigen Zeitungen zu beobachten und gleichzeitig ein Anstieg bei der Zahl regionaler und nationaler Unternehmerinnenpreise (*Welter* und *Lageman* 2003).

Dies geht Hand in Hand, da auch überregionale Zeitungen in ihren Lokalteilen regelmäßig über Preisträgerinnen berichten. Gleichzeitig prägen immer wieder herausragende Ereignisse – wie beispielsweise der Tod von Beate Uhse – den Umfang der Berichterstattung.

Abbildung 4: Externe Einbettung in der Welt und der SZ

Externe Einbettung des Unternehmerinnenthemas in der Welt

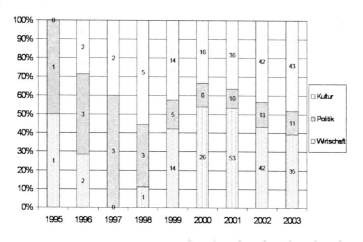

Externe Einbettung des Unternehmerinnenthemas in der SZ

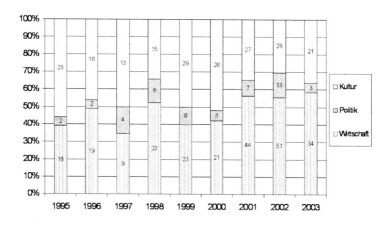

Bei der *externen Einbettung* werden die Artikel den jeweiligen Kategorien, in denen sie erschienen sind, zugeordnet, um so einen Überblick
darüber zu erhalten, in welchen Bereichen – Kultur, Politik oder Wirt-

schaft – die Diskussion um Unternehmerinnen und Gründerinnen geführt wird. Abbildung 4 zeigt dies beispielhaft für die *Welt* und die *SZ*. In der erstgenannten Zeitung wird der Diskurs über Unternehmerinnen mittlerweile zu fast gleichen Teilen im Wirtschafts- und Gesellschaftsteil geführt, mit einem allerdings deutlich erkennbaren Bedeutungszuwachs in der gesellschaftlichen Kategorie. In der *SZ* verläuft die Entwicklung entgegengesetzt, hier gewinnt die wirtschaftliche Einbettung an Bedeutung.

Wie ist diese Konzentration des Diskurses im kulturellen oder wirtschaftlichen Teil einer Zeitung zu bewerten?

Möchte man den Beitrag von Unternehmerinnen zur wirtschaftlichen Entwicklung hervorheben und ihre Rolle in der Wirtschaft betonen, ist ein Diskurs im Wirtschaftsteil zu befürworten. Aus Sicht der öffentlichen Diskussion um eine Kultur der Selbständigkeit ist Unternehmertum jedoch sowohl ein wirtschaftliches wie gesellschaftliches Phänomen, so dass sich der Mediendiskurs gleichermaßen im wirtschaftlichen wie im kulturellen Teil der Zeitung niederschlagen sollte. Zudem zielen bzw. erreichen die gesellschaftlich und kulturell orientierten Teile, zu denen Seiten wie das Feuilleton, Vermischtes, Aus aller Welt, Medien und andere Rubriken gehören, einen anderen Leserkreis als die Wirtschaftsteile. Vor diesem Hintergrund wären die sich abzeichnenden Trends in den beiden untersuchten Zeitungen positiv einzuschätzen.

Für eine derartige Bewertung ist jedoch auch die *interne Einbettung* des Diskurses zu berücksichtigen, in deren Rahmen wir untersucht haben, ob der Unternehmerinnenbegriff eher ein Haupt- oder Nebenfokus ist. Hier zeigt sich wiederum beispielhaft für die Welt und die *SZ* (Abbildung 5), dass der Diskurs häufig – noch zu häufig – als Nebenfokus geführt wird und dies in den letzten Jahren – vor allem in der Welt – sogar wieder zugenommen hat.

Interne und externe Einbettung stehen dabei in engem Zusammenhang: so wird im gesellschaftlichen Teil eher über Unternehmerinnen als Nebenfokus berichtet (beispielsweise in einem Bericht über die 93jährige Unternehmerin, die in Mailand gekidnappt wurde), und wirtschaftliche Einbettung sowie Hauptfokus gehen eher Hand in Hand.

Abbildung 5:

Interne Einbettung in der Welt und der SZ

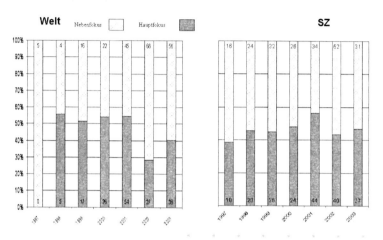

Welche Themen beherrschen den Diskurs?
Die bisherige Sichtung der Artikel zeigt ein Themenspektrum, das von Unternehmerinnen- und Gründerinnenportraits über Veranstaltungen und Berichte zu Preisträgerinnen bis hin zu einzelnen Berichten über Fördermaßnahmen reicht, wobei die einzelnen Zeitungen in der Berichterstattung weitere zeitungstypische und gegebenenfalls regionale Akzente setzen.

4. Bilder, Sprache und Unternehmerinnenidentität

Der Diskurs in der deutschen Presse, das zeigen die bisherigen Detailanalysen von Inhalten und Sprachmustern in der *Welt* und der *SZ*, arbeitet unter der impliziten Annahme, dass nicht nur Unternehmertum generell, sondern auch die wachsende Unternehmerinnentätigkeit gut sei für Gesellschaft und Wirtschaft. Damit wird unterstellt, dass auch die Förderung von Unternehmerinnen zur wirtschaftlichen Entwicklung beitrage; und dieses Dogma wird in beiden Zeitungen nicht hinterfragt bzw. offen gelegt. Gleichzeitig ist das „Unternehmerinnen-Dasein" im Vergleich zum Unternehmerdasein immer noch etwas Besonderes, was im angehenden 21. Jahrhundert überrascht. Das Unternehmerinnen - Dasein ist deshalb etwas Besonderes, weil es bei Frauen ein gesellschaftlich unerwünschtes bzw. weniger erwünschtes Verhalten bedingt. Frauen müssen, um als Unternehmerin bestehen zu können, von weiblichen Verhaltensmustern abweichen. Dies spiegelt sich in Aussagen wie der oben zitierten Beschreibung von Jil Sander als „Magnolie aus Stahl", in der sich etwas Schönes und Zartes (die Magnolie) mit einem Element wie dem Stahl verbindet, dem Härte und Unbeugsamkeit zu eigen sind. Unternehmerinnen wird somit eine männliche Norm vorgegeben, und Rollenmodelle entwickeln sich als Abweichungen von dieser männlichen Norm in dem Sinne, dass sie dieser Norm eine weibliche Komponente beifügen. Männliche Stereotype sind dabei Voraussetzung für erfolgreiches Unternehmertum, können Frauen dem nicht entsprechen, sind sie per se weniger erfolgreich. Beispiele dafür sind die oftmals betonte Risikoabneigung von Unternehmerinnen oder ihr geringerer Bedarf an Finanzkapital.

Schließlich spielt auch die Sprache der Berichterstattung eine Rolle. *Trömel-Plötz* (1982: 156) verweist darauf, dass Sprache Frauen benachteiligt, wenn „sie Frauen und ihre Leistung ignoriert, wenn sie Frauen nur in Abhängigkeit von und Unterordnung zu Männern beschreibt, wenn sie Frauen nur in stereotypen Rollen zeigt und ihnen so über das Stereotyp hinausgehende Interessen und Fähigkeiten abspricht und wenn sie Frauen durch herablassende Sprache demütigt und lächerlich macht." Es geht hier weniger um einzelne Worte sondern deren Funktionen im jeweiligen Diskurs sowie um die eingesetzten Metaphern und Bilder (*Hellinger* 2003, *Klaus* 2005).

Die beim Unternehmerinnenbegriff eingesetzte Sprache ist in dieser Hinsicht (insbesondere in der Welt) sehr blumig– natürlich auch abhängig von der Kategorie der Berichterstattung– und oft emotional. Häufig betont wird dabei in der Berichterstattung der Sexappeal von Unternehmerinnen, ihr Aussehen (langhaarige Blondine mit langen Beinen), und ihr Erfolg ergibt sich aufgrund ihres Geschlechtes, nicht aufgrund der unternehmerischen Anstrengungen. Das Problem mit einer derartigen Berichterstattung: es wird eine eingeschränkte Unternehmerinnenidentität transportiert. Der Mediendiskurs reduziert Unternehmerinnentum auf Abweichungen (und wer möchte schon gerne sein Leben als eine Sondererscheinung leben?), interpretiert Unternehmerinnentum als Zusatzrolle (und welche Frau möchte freiwillig noch eine weitere Belastung übernehmen?) und nicht als originären Beruf, präsentiert erfolgreiche Unternehmerinnen in einer vereinfachenden Betrachtung und orientiert sich mit der Betonung von Persönlichkeiten und deren Merkmalen an überholten Trends in der Gründungsforschung[6]. All dies basiert natürlich auf den gesellschaftlichen Grundeinstellungen, die in der deutschen Gesellschaft vorherrschen; aber es verstärkt diese.

5. Fazit und Implikationen

Während der Diskurs in den bislang untersuchten Zeitungen vermeintlich die Dichotomie zwischen Unternehmern und Unternehmerinnen zu überwinden sucht, vermittelt er Rollenbilder, die genau anhand dieser dichotomen Betrachtung aufgebaut sind: Unternehmerinnen sind eine Abweichung zur vorgegebenen gesellschaftlichen Norm (dem Unternehmer), sie sind etwas Besonderes und eine Ausnahme.

Interessanterweise zeigen sich in der bisherigen Analyse kaum Unterschiede zwischen den untersuchten Zeitungen, obwohl man auf den ersten Blick stärkere Ausdifferenzierungen im Mediendiskurs vermuten würde. Das Bild, das von Unternehmerinnen entworfen wird, bleibt unscharf und in seinen Erwartungen überzogen, was durchaus manche potenzielle Unternehmerin abschrecken mag. Unternehmerinnen werden zudem nur selten als eine eigenständige Kategorie im Berufsleben gesehen, sondern sie fungieren in der Regel in Ergänzung zu ihren Rollen als Hausfrauen, Ehefrauen und Müttern.

Mit Blick auf mögliche Implikationen unserer Forschungen verdeutlicht die bisherige Medienanalyse, wie verwurzelt in der deutschen Gesellschaft „Selbstverständlichkeiten" und ein − überspitzt formuliert − antiquiertes Frauenbild sind. (vgl. auch Welter und Lageman 2003)

---

6 Bereits 1988 kritisierte Gartner das bisher dominierende personenorientierte Verständnis von Unternehmertum dahingehend, dass hier „falsche" Fragen aufgeworfen würden, und Unternehmertum eher als ein Prozess der Entstehung neuer Organisationen verstanden werden müsste, anstatt Personen und deren Persönlichkeitsmerkmale in den Vordergrund der Analyse zu stellen (Gartner 1988; sowie die Erwiderung von Cartland et al. 1988). Aber auch die von Gartner vorgeschlagene Abgrenzung von Unternehmertum als Entstehung neuer Organisationen ist nicht frei von Kritik. Zwar verweist sie auf die Bedeutung einer prozessorientierten Betrachtung. Allerdings wird Unternehmertum auf den Gründungszeitpunkt und −prozess eingeschränkt, während Davidsson und Wiklund (2001) zu bedenken geben, dass Unternehmertum auch im Wachstumsprozess eines Unternehmens reflektiert ist. Vgl. auch die Aufarbeitung bei Welter (2005).

Der Diskurs zum Thema „Unternehmerinnen" in den deutschen Medien bedarf offensichtlich einer gründlichen Überarbeitung und Modernisierung, damit ein der Vielfalt der unternehmerischen Tätigkeit von Frauen und den Gegebenheiten des 21. Jahrhunderts angepasstes Unternehmerinnenbild vermittelt wird. Aber die bisherige Analyse zeigt auch Kommunikationsdefizite zwischen Praxis und Gründungsforschung; so beispielsweise in Bezug auf die in der Presse immer noch zu findende Diskussion um geeignete Unternehmerpersönlichkeiten bzw. dem Fokus auf Persönlichkeitsmerkmalen zur Beschreibung von Unternehmerinnen, während in der Gründungsforschung dieses Thema seit längerem von einer prozessorientierten Betrachtung abgelöst wurde. Hier bleibt nur, auch an die Forschung die Forderung zu richten, verstärkt den Dialog mit der Praxis zu suchen, um neuere Forschungsergebnisse mit Praxisimplikationen besser zu vermitteln.

Literatur

Achtenhagen, L./Welter, F. (2003a), Female Entrepreneurship in Germany: Context, Development and its Reflection in German Media. In J. Butler (Hg.), New Perspectives on Women Entrepreneurs. Research Series in Entrepreneurship and Management, 3. Greenwich: Information Age, 71-100.

Achtenhagen, L./Welter, F. (2003b), Female Entrepreneurship as Reflected in German Media in the Years 1997-2001. Papier zur World Conference of the International Council for Small Business, Belfast, 15.-18. Juni 2003.

Achtenhagen, L./Welter, F. (2005), "The attractive blond lady in a pink business suit" – Analyzing the discourse on female entrepreneurship in German newspapers between 1997 and 2003. Paper to the 2005 IECER Conference, Amsterdam, 2-4. Februar 2005

Achtenhagen, L. /Welter, F. (2006), Media Discourse in Entrepreneurship Research. In H. Neergaard und J.P. Ulhoi (Hg.), Handbook of Qualitative Methods in Entrepreneurship Research. Cheltenham, UK: Edward Elgar.

Boyd, R./Richerson, P.J. (1994), The Evolution of Norms: An Anthropological View. JITE, 150: 72-87.

Braun, Friederike (2002), Können Politiker Frauen sein? Maskuline und alternative Formulierungen auf dem Prüfstand. Vortrag auf dem Workshop der WGL zur Chancengleichheit von Frauen und Männern, Manuskript.

Carland, J.W./Carland; J.C/Hoy, F. (1988), 'Who is an entrepreneur?' is a question worth asking. American Journal of Small Business, 12 (4): S. 33–39.

Casson, M. (1993), Cultural Determinants of Economic Performance. Journal of Comparative Economics, 17: 418-442.

Casson, M. (1995), Entrepreneurship and Business Culture: Studies in the Economics of Trust. Volume One. Aldershot, Brookfield: Elgar.

Dallago, B. (2000), The Organisational and Productive Impact of the Economic System. The Case of SMEs. Small Business Economics, 15: 303-319.

Davidsson, P./Wiklund, J. (2001), Level of analysis in entrepreneurship research, in: Entrepreneurship Theory & Practice, 25 (4): 81–100.

Gartner, W. (1988), 'Who is an Entrepreneur?' is the wrong question, American Journal of Small Business: 11–32.

Gleich, U. (1998), Politikvermittlung und politische Partizipation durch Medien. In: H. Dichanz (Hg.), Handbuch Medien: Medienforschung, Konzepte, Themen, Ergebnisse. Bonn: Bundeszentrale für politische Bildung, 54-59.

Hellinger, Marlies (2003), Feministische Sprachpolitik und politische Korrektheit – der Diskurs der Verzerrung. Referat auf dem Workshop „Sprachmächtig", Berlin.

Hodenius, B. (1997), Weibliche Selbständigkeit: Gratwanderung zwischen Programmatik und Pragmatik. In: M. Thomas (Hg.), Selbständige – Gründer – Unternehmer. Passagen und Passformen im Umbruch. Berlin: Berliner Debatte Wissenschaftsverlag, 281-302.

Holst, E. (2001), Institutionelle Determinanten der Erwerbsarbeit: Zur Notwendigkeit einer Gender-Perspektive in den Wirtschaftswissenschaften. DIW Diskussionspapier, 237. DIW, Berlin.

Holst, E. (2002), Institutionelle Determinanten der Erwerbsarbeit. In: F. Maier und A. Fiedler (Hg.), Gender Matters: feministische Analysen zur Wirtschafts- und Sozialpolitik. Fhw-Forschung, 42/43. Berlin: Edition Sigma, 89-109.

Klaus, Elisabeth (2005), „Der Tourist packt Frau und Kind ins Auto": Das Geschlecht der Sprache. In Journalistinnenbund (Hg.), Der G-Faktor – Gender Perspektiven in den Medien. Jahresbericht 2005/2005, Bonn, 2-5.

Leipold, H. (1999), Institutionenbildung in der Transformation. In: H.-H. Höhmann (Hg.), Spontaner oder gestalteter Prozess? Die Rolle des Staates in der Wirtschaftstransformation. Schriftenreihe des BiOst, 38. Baden-Baden: Nomos.133-151.

Mummert, U. (1999), Informal Institutions and Institutional Policy – Shedding Light on the Myth of Institutional Conflict. Diskussionsbeitrag, 02-99. Max-Planck Institute for Research into Economic Systems, Jena.

North, D.C. (1990), Institutions, institutional change and economic performance. Cambridge: Cambridge University Press.

North, D.C. (1995), Structural Changes of Institutions and the Process of Transformation. Prague Economic Papers 4(3), 229-234.

Picot, A./**Dietl**, H./**Franck**, E. (1999), Organisation: Eine ökonomische Perspektive. 2.überarb. und erw. Aufl. Stuttgart: Schäffer-Poeschel.

Schmidt, D. (2002), Im Schatten der „großen Männer": Zur unterbelichteten Rolle der Unternehmer in der deutschen Wirtschaftsgeschichte des 19. und 20. Jahrhunderts. In: F. Maier und A. Fiedler (Hg.), Gender Matters: feministische Analysen zur Wirtschafts- und Sozialpolitik. Fhw - Forschung, 42/43. Berlin: Edition Sigma, 211-229.

Soothill, K./**Grover**, C. (1997), A note on computer searches of newspapers. Sociology, 31(3): 591.

Trömel-Plötz, Senta (1982), Frauensprache: Sprache der Veränderung. Frankfurt, M.: Fischer.

Voigt, M./**Kling**, S. (1997), Weiterbildungskonzepte zur Existenzgründung von Frauen. BMBF, Bonn.

Welter, F. (2003), Strategien, KMU und Umfeld. RWI: Schriften, 69. Berlin: Duncker & Humblot.

Welter, F. (2004), Institutionelle Einflüsse auf Gründerinnen und Unternehmerinnen. In M. Tchouvakhina (Hg.), Chefinnensache. Heidelberg: Physica, 33-69.

Welter, F. (2005), Reflektionen zur theoretischen und empirischen Gründungsforschung. In F. Welter (Hg.), Dynamik im Unternehmenssektor: Theorie, Empirie und Politik. Veröffentlichungen des Round Table Mittelstand, 4. Berlin: Duncker & Humblot, 11-26.

Welter, F./**Lageman**, B. unter Mitarbeit von M. **Stoytcheva** (2003), Gründerinnen in Deutschland – Potenziale und das institutionelle Umfeld. Untersuchungen des RWI, 41. RWI, Essen.

Werner, A./**Kranzusch**, P./**Kay**, R.(2005), Unternehmerbild und Gründungsentscheidung – Genderspezifische Analyse. Schriften

Diskussion

Michael-Burkhard Piorkowsky:
Ich möchte gern noch etwas anregen: In der Tat sollten die bisherigen Erkenntnisse ergänzt werden um eine Analyse, wie über Unternehmer berichtet wird. Und ich bin fest davon überzeugt, wir finden dabei gewissermaßen ein doppeltes Ungleichgewicht vor:
Auf der einen Seite wird bei Unternehmensgründungen durch Frauen eher über scheinbar skurrile Gründungen berichtet, und dabei nicht beachtet, dass die männliche Selbständigkeit oft ganz genauso aussieht.
Und auf der anderen Seite wird uns in den Medien ziemlich oft als der typische Unternehmer einer vorgestellt, dessen Unternehmen groß ist; da rauchen die Schornsteine, die Chips knistern usw. Diese Berichterstattung ist durch eine großes Ungleichgewicht gekennzeichnet: sie überzeichnet einerseits das Bild des männlichen Unternehmers, während auf der anderen Seite das Bild der Unternehmerin eher unterbelichtet wird.

Friederike Welter:
Ein kleines Stückchen dieser Fragestellung untersuchen wir schon mit, denn das Ministerium hat dieser Vergleich natürlich auch interessiert. Aber wir konnten es bisher nicht wirklich systematisch erfassen.
Wir haben eine Recherche im Handelsblatt unter einem einzigen Suchbegriff gemacht und sind auf etwa eintausend Artikel über Unternehmerinnen, und ca. sechstausend Artikel über Unternehmer gekommen. Ein solcher Vergleich würde den Rahmen unseres Projektes einfach sprengen. Aber wir nehmen stichprobenartig einen Vergleich rein. Und wenn wir auf die qualitative Ebene kommen, werden wir sehen, ob und was wird dann in dem Zusammenhang auch über Unternehmer berichten können.

Katrin Hansen:
Meine Gedanke gehen in die gleiche Richtung. Ich fand den Satz wichtig, den Sie gesagt haben, „Frauen werden gemessen, an der Abweichung von der männlichen Norm". Das ist ein Satz, der hallt mir immer noch in den Ohren und den will ich auch für unser eigenes Projekt mitnehmen. Aber gleichzeitig habe ich eine Frage, die Frau Dr. Kay und ich im Vorfeld bereits diskutiert haben: Erfüllen denn die Männer überhaupt die männliche Norm?

Sie hatten mich gefragt, wie das denn aussieht, wenn man sich die Literatur kritisch ansieht: Man hat ja immer die Vorstellung, die Männer seien diejenigen mit diesen ganz tollen Wachstumsunternehmen. Und dann hatten wir eine Quelle von Ihnen bekommen, die belegt: die Männer schaffen gar nicht so viele Arbeitsplätze. Also, die männliche Norm gilt für die Männer auch nicht! Deshalb finde ich, es wäre perspektivisch wichtig, diese Untersuchungen weiter fortzusetzen.

Martina Schmeink:
Ich möchte auch noch einen subjektiven Eindruck zu dem äußern, was Sie vorgetragen haben: Ihre Angaben sind ja nachgerechnet und belegt. Aber wenn ich mir meine Zeitungslektüre ansehe, und das, was mein Umfeld so mitbringt in die Hochschule und mir auf den Schreibtisch legt, entsteht schon der Eindruck, dass Berichte über ungewöhnliche Unternehmer häufiger werden. Dass Unternehmer, die von einer Norm abweichen, die es eigentlich nicht gibt und die auch nirgendwo festgeschrieben ist, eher in die Presse kommen.

Friederike Welter:
Mein Eindruck ist, dass dies eine Tendenz der letzten beiden Jahre ist.

Martina Schmeink:
Vielleicht ist das auch für unser Projekt ein Betätigungsfeld, auf dem man die Vielfalt der Unternehmen darstellen kann.

Andrea Bührmann:
Das Spannende und der große Charme der Diskursanalysen ist ja, dass nicht behauptet wird: das, was berichtet wird, ist tatsächlich so. Sondern man stellt die Frage: Wieso verläuft der Diskurs so? Verläuft der Mediendiskurs in der bürgerlichen Presse vielleicht gerade deshalb so, um zu begründen, dass die Männer als Unternehmer die Norm sind? Und dann stellt sich zudem die Frage, ob es wichtig ist, dass Sie vornehmlich die Presse in Westdeutschland ausgewertet haben.

Friederike Welter:
Das ist ein sehr wichtiger Hinweis. Ich denke auch, dass es da Unterschiede gibt. Allein was ich mir bislang angeguckt habe in der ostdeutschen Zeitung „Neues Deutschland" zeigt, dass dort anders berichtet wird. Das ist jetzt natürlich nur ein subjektiver Eindruck, ich habe diese Artikel bis jetzt nur oberflächlich gelesen. Aber ich weiß aus anderen

Forschungsprojekten, die wir gemacht haben, dass man zwischen dem Unternehmerinnentum in West- und Ostdeutschland immer noch unterscheiden muss. Für osteuropäische Frauen ist es viel selbstverständlicher, ein Unternehmen zu gründen. Genau so wie es für ostdeutsche Frauen selbstverständlicher ist, auf den Arbeitsmarkt zu gehen. Die Ergebnisse, die ich hier vorgestellt habe, sind repräsentativ für ein tradiertes Bild, das wir in Westdeutschland haben.

Martina Schmeink:
Aber was ja auch sehr auffällig war: dass es so eine unglaubliche Zunahme gibt.

Rosemarie Kay:
Beim Stichwort, dass in der Presse nur ungewöhnliche Personen dargestellt werden, insbesondere ungewöhnliche Frauen, muss man natürlich auch im Hinterkopf behalten, wie Medien funktionieren. Die interessieren sich nicht für 08/15-Unternehmerinnen, genauso wenig wie sie sich für einen 08/15-Unternehmer interessieren. Wenn Sie Kontakte mit irgendwelchen Journalisten oder Journalistinnen haben, wollen die nicht eine ausgewogene Information, sondern irgendwas Peppiges darüber berichten. Und als Hintergrund muss man auch mal schauen: Warum tun die das eigentlich? Natürlich macht das nicht ungültig, was Sie jetzt gerade gesagt haben. Aber es ist meiner Erfahrung nach ein verzweifelter Versuch, neue Gedanke in die Diskussion einzuführen. Denn wenn man immer auf die alten Geschichten angesprochen wird und sagt „das hab ich jetzt gar nicht so ´rausgekriegt", das wollen die Medien ja nicht hören. Weil sich ja auch nur bestimmte Dinge verkaufen.
Ich vermute, diese Verkaufsorientierung trifft auch auf unsere Unternehmerinnen und die Portraits von ihnen zu.

Friederike Welter:
Beate Uhse ist ja auch eine besondere Frau gewesen, weil sie sich in einem Bereich selbständig gemacht hat, über den in den 50er und 60er Jahren kaum mal am Rande geredet wurde. Und auf der anderen Seite: die Presse ist sich dessen auch bewusst, dass sie ein Bild formt. Und ich bin gespannt auf die Ergebnisse, die wir herauskriegen, wenn wir die BILD auswerten. Wir haben es für einen anderen Begriff, „Unternehmergeist" schon mal gemacht. Und da wird beispielsweise in der BILD „Unternehmergeist" verwandt in der Berichterstattung über ein Popsternchen. Da wird gesagt, sie zeige Unternehmergeist, wenn sie

nach dem Konzert noch durch die Kneipen zieht. Da bin ich gespannt, welche Ergebnisse wir bei der Recherche nach Unternehmerin und Unternehmer erhalten.

Cornelia Rövekamp:
Mich würde interessieren, ob Sie auch die Größe sowie die Art des Unternehmens berücksichtigen.

Friederike Welter:
Das kommt in die qualitative Auswertung mit hinein. Da wollen wir danach schauen, wie über diese Unternehmerinnen berichtet wird, und auch danach, welche Unternehmerinnen das sind und wie sie ausgewählt wurden.

Was ich zum Beispiel von der WELT sagen kann, ist, dass es eher traditionelle Geschichten sind, die sie sich raussuchen. Im Gedächtnis geblieben sind mir ein Möbel-Einrichtungshaus und Hotels, die von Frauen geführt werden. Und natürlich sind da noch Jil Sander mit ihrem erfolgreichen Modehaus und Britta Steilmann. Das heißt, im Grunde genommen wird über große Unternehmen berichtet und über sehr erfolgreiche Unternehmen. Außerdem über Frauen, die sowieso im Mittelpunkt der medialen Aufmerksamkeit stehen. Was mir im Moment noch fehlt sind andere Facetten, denn Gründerin oder Unternehmerin zu sein bedeutet ja sehr Unterschiedliches. Und in der WELT beschränkt es sich im Moment nur auf ein Segment, und das ist nicht das kleinste.

Cornelia Rövekamp:
Ich denke, dass es auch interessant sein könnte, zu analysieren, ob eher über Frauenberufe oder Männerberufe berichtet wird. Ob es auch da wiederum in die Klischees abgleitet.

Friederike Welter:
Also, nach allem, was wir bislang gesehen haben, ist es so: wenn Unternehmerinnen vorgestellt werden, dann schon eher in frauentypischen Branchen oder mit „frauentypischen" Problemen. Also eine Frau, die sich mit einem Windelservice selbständig gemacht hat. Oder eine Frau, die sich mit einer Kinderbetreuung selbständig gemacht hat. Wo also die Lösung von „Frauenproblemen" auch im Frauen-Umfeld angesiedelt ist.

Michael-Burkhard Piorkowsky:
Ich möchte auch noch etwas Selbstkritisches sagen. Ich halte Ihre Aufforderung, die Medien mit Informationen zu versorgen, für richtig. Aber mal ganz ernsthaft gefragt: Was bieten wir den Medien an? Wenn ich in die Gründungsforschung hineinschaue, finden wir eine Vielzahl von Informationen, die in sich nicht immer stimmig sind.

Friederike Welter:
Das müssen Sie aufbereiten.

Michael-Burkhard Piorkowsky
Nicht nur aufbereiten, denn das Bild, das wir zeigen, ist auch sehr uneinheitlich. Wir müssen deshalb zunächst erst mal Klarheit bei uns selber schaffen: Wie wollen wir messen? Mit welchen Methoden gehen wir daran und wie erzeugen wir zuverlässige Ergebnisse? Was können wir darüber mitteilen?
Ich glaube, erst wenn wir diese Fragen geklärt haben, steigt unsere Chance, uns in den Medien angemessen zu präsentieren.

Andrea Bührmann:
Aber vielleicht interessieren sich Medien gar nicht so sehr dafür, wie die Realität wirklich aussieht, sondern sie finden so ein ordentlicher Streit zwischen Wissenschaftlern oder Wissenschaftlerinnen viel interessanter? Vorausgesetzt, man kann noch so einigermaßen nachvollziehbar schildern, worum es dabei geht.
Zum Beispiel die Stammzellenforschung ist ja auch ein schwieriges Thema, bei dem ich zum Beispiel nie verstanden habe, worum es wirklich geht. Trotzdem höre und lese ich beständig darüber und alle Welt glaubt, etwas dazu sagen zu können. Also hat das weniger mit der Komplexität des Themenfelder zu tun, sondern mehr mit dem, was wir glauben, wovon wir wissen, dass wir wissen. Das ist spannend.
Jürgen Link würde vielleicht sagen, die Medien haben die Aufgabe, aus Spezialdiskursen etwas in den öffentlichen Diskurs zu transportieren. Und natürlich scheinen sich bestimmte Wissenschaftler ihrer Aufgabe gar nicht bewusst zu sein, diesen Interdiskurs zu speisen. Die Gentechnik scheint unserem Thema da voraus zu sein.´

Katrin Hansen:

Dazu möchte ich direkt antworten: Ich habe diesen Eindruck auch. Das Problem verstärkt sich ja auch noch dadurch, dass die Gründungsforschung eine junge Disziplin ist...

Friederike Welter:

...die sich noch sehr mit sich selbst beschäftigt!

Katrin Hansen:

Genau - und wir produzieren auch noch Chaos. Aber weil wir uns schon von der traditionellen Betriebswirtschaftlehre schlecht behandelt fühlen, wollen wir uns nicht noch gegenseitig Schwierigkeiten bereiten. Deswegen halten wir unsere Differenzen schön unter der Decke. Wenn wir unterschiedliche Ergebnisse erarbeiten, freuen wir uns und sagen: „das ist befruchtend" - ohne eine wirklich offene Diskussion darüber zu führen. Wir machen unsere Probleme nicht transparent, indem wir sagen: Warum soll es eigentlich nicht verschiedene Schulen innerhalb der Gründungsforschung geben? Warum soll die Gründungsforschung einheitlich sein?

Solange wir diese Transparenz nicht herstellen, sind wir uninteressant. Und vielleicht auch nicht so glaubwürdig, als wenn wir die unterschiedlichen Paradigmen deutlich machen könnten, innerhalb derer Forscher arbeiten. Und wer zur Zeit Mainstream ist und wer nicht. Vielleicht sollte es zwei Mainstreams geben? Wenn wir das tun würden, wären wir sicher auch für die Medien interessant. Aber dazu sind wir zur Zeit noch nicht in der Lage.

Rosemarie Kay:

Ich habe eine Frage: Das sind ja nun alles große, bundesweite Zeitungen. Gerade, wenn wie über kleine Gründer reden, wäre es doch sicher attraktiv, die Berichterstattung von einer oder zwei regionalen Zeitungen dagegen zu setzen. Um einfach zu schauen, wie sie über Gründerinnen berichten. Denn die ganz normale Unternehmerin, die ist häufig nur in der Region bekannt, in der ihr Markt ist.

Friederike Welter:

Das ist ein Problem der Verfügbarkeit von Daten. Wir suchen über Onlinearchive beziehungsweise über CD-Rom. Und bei den regionalen Zeitungen haben wir auch recherchiert, welche eigentlich online überhaupt zugänglich sind. Die Digitalisierung, mit der Zeitungen elektronisch zugänglich sind, hat Mitte der neunziger Jahre eingesetzt und sie ist heute vor allem bei den großen Zeitungen vorhanden. Das Neue Deutschland beispielsweise, die gehen sogar bis Anfang Neunzig zurück. Die haben das direkt elektronisch aufgesetzt. Und die regionalen Zeitungen sind häufig nicht verfügbar und wir haben nicht die Frauenpower, uns dann in Archive zu setzen, und zu suchen.

Reinhard Schulten:
Wenn ich kurz etwas einwerfen darf: Da müssen Sie sicherlich auch andere Rubriken wählen. Denn wenn Unternehmen in regionalen Zeitungen erscheinen, dann meist auf den Lokalseiten. Im Kreis Borken werten wir regelmäßig 5 Tageszeitungen aus. Die Unternehmerinnen sind gegenüber den Unternehmern deutlich unterrepräsentiert. Bei Lokalredaktionen hängt das nicht selten auch mit der Frage zusammen: „Was bekomme ich eigentlich? Von wem bekomme ich es?" und da denke ich, dass die Unternehmen, die von Männern geleitet werden, viel offensiver in den Markt hinein agieren.

Gabriele Tovar:
Ich wollte noch einmal auf die Arbeit mit diesen Regionalzeitungen eingehen. Aber auch Ihrer Aufforderung nachkommen, etwas zu unseren eigenen Hausaufgaben zu sagen, die darin bestehen, den Zeitungen immer wieder unsere Ergebnisse anzubieten. Und sie interessant darzustellen. Ich glaube das machen wir noch zu wenig. Dass wir von Zeit zu Zeit auch kleine Erkenntnisse an die Presse weitergeben und darstellen, wo wir gerade sind und warum wir das machen.
Und dann denke ich, wir sollten bewusster damit umgehen, dass – wie Sie sagten – 80% der Meinungen über die Medien gemacht wird. Vielleicht sollten wir die Unternehmerinnen, in denen wir selbst Vorzeigefrauen sehen, der Presse anders „verkaufen" - als Besonderheit. Weil sie vielleicht besondere Wege gegangen sind oder einen Abschluss erreicht haben, der schwierig zu bekommen ist. Dass wir der Presse die Besonderheit realistischer Beispiele klarmachen.

Edda Neitz:
Müssen Sie nicht auch noch in die Verhaltensforschung reingehen? Denn wir leben in einer männlich geprägten Welt. Und es ist noch nicht so lange her, dass die Emanzipation von Frauen gesellschaftlich nicht akzeptiert wurde und Frauen Mut brauchten, um ein Unternehmen zu

gründen. Also braucht es doch eine gewisse Zeit, damit sich die Einstellung und das Verhalten ändern.

Friederike Welter:
Ja, das werden wir auch noch machen. Wir haben eine Umfeldanalyse durchgeführt. Außerdem erhebt der Allbus Daten zu Einstellungen des Umfeldes zu Unternehmertum mit. Das ist eine gesamtdeutsche Befragung, orientiert an gesellschaftlichen Themenstellungen. Und das wollte ich mir anschauen: Wie hat sich das eigentlich über den Zeitraum, den wir hier untersuchen, zahlenmäßig und wirtschaftspolitisch verändert? Und ein Stück weit natürlich auch gesellschaftspolitisch, das könnte man da noch mit hinein nehmen.
Auch die Ergänzung des Projektes mit Erkenntnissen der Verhaltensforschung wäre interessant. Mit einem Bestandteil, bei dem man sich dann anschaut, wie denn eigentlich Unternehmerinnen selbst von dieser Diskussion beeinflusst werden. Wir erheben nicht den Anspruch, dass wir von allen Seiten draufschauen, sondern wir werfen Fragen auf, die man untersuchen kann.

Andrea Bührmann:
Die Geschlechterforschung sagt, bei einem dreißigprozentigen Anteil eines Geschlechts geht man davon aus, dass es eher geschlechtergerecht zugeht. Also, erst ab einem Anteil von 30% Männern oder Frauen kann es zu geschlechtergerechten Verhaltensweisen kommen.

Ulla Böcker:
Ich möchte das aufgreifen, was Herr Schulten gesagt hat, nämlich dass weniger Unternehmerinnen in den Medien erscheinen. Und da stimme ich Herrn Prof. Piorkowsky zu, dass wir selbstkritisch sein müssen. Denn es sind doch häufig dieselben Unternehmerinnen, die wir regelmäßig der Öffentlichkeit präsentieren. Die verlieren aber irgendwann die Lust und sagen zu Recht: „Nicht schon wieder! Warum immer ich?". Einige Unternehmerinnen sagen: „Bloß nicht ich schon wieder!"

Und wenn wir dann andere Unternehmerinnen befragen, gibt es nicht wenige, die sagen: „Ach, ich weiß nicht, also ich mach´ doch gar nix Besonderes...". Da müssen wir ansetzen, die einen schonen und die anderen fordern und auch dazu stehen. Aber da ist wieder das Problem, dass nicht unbedingt Problembewusstsein vorhanden ist und dass es diese Frauen manchmal gar nicht interessiert, ob sie jetzt als Unternehmerin in der Öffentlichkeit stehen oder nicht. Ich denke, da ist in der Praxis noch eine ganze Menge, an dem wir arbeiten können.

Eva-Maria Wobbe:
Zu Frau Tovar ist mir noch etwas eingefallen: Wir hatten in den letzten Monaten eher das entgegen gesetzte Gefühl, denn es kamen fast jede Woche von irgendeinem Freiberufler, einer Freiberuflerin aus dem Medienbereich Anfragen wie: „Wie möchten gern mal was über Ich-AGler machen, oder über selbständige Frauen. Können Sie uns da Kontakte machen?" Das ist uns dann zum Schluss auch schon ein bisschen zuviel geworden, aber das hing natürlich mit der gegenwärtigen politischen Diskussion zusammen - Gründung aus der Arbeitslosigkeit, neue Förderprogramme et cetera.
Und die Erfahrung, über die Ulla Böcker gerade geredet hat, haben wir in der Praxis auch gemacht. Wenn wir mal jemanden angerufen und gesagt haben: „Wir haben eine Anfrage vom WDR Dortmund, die würden gern mit ihnen sprechen und auch mit Kameras zu Ihnen kommen", haben Unternehmerinnen häufig gesagt „Nee, das mach ich nicht. Bin ich nicht zu eingerichtet, mein Büro sieht nicht so toll aus. Im Übrigen habe ich auch gar keine Zeit". Das hat uns dazu gebracht, den Unternehmerinnen mal ein paar Workshops anzubieten. Mit den Journalistinnen vom WDR, die uns angesprochen hatten. In den Workshops haben die Journalistinnen einfach mal aus ihrer Sicht erzählt, wie bei den Unternehmerinnen-Porträts die Interviews ablaufen. Für diese Workshops haben sich 30, 35 Unternehmerinnen angemeldet wir waren ganz erschlagen davon. Das ist für diejenigen, die sich selbständig gemacht haben ja häufig auch eine ganz neue Welt: „Wie komme ich in die Presse? Wie präsentiere ich mich? Was passiert da eigentlich, wenn meine Nachbarin sieht, was ich in meiner Küche neben dem Bügelbrett mache?" Das sind einfach ganz viele Ängste, die da aufkommen.

Andrea Blome:
Ich denke immer noch über diese selbstkritischen Frage nach: „Müssen wir oder muss die Forschung, Sachthemen so kommunizieren, dass dann auch differenzierter und realistischer berichtet werden kann?"
Ich bezweifle, dass das tatsächlich die Berichterstattung über Unternehmerinnen soweit beeinflussen oder verändern könnte, dass die Unternehmerinnenbilder andere werden. Ich glaube das sind tatsächlich zwei verschiedene Ebenen, auf denen sich das bewegt. Denn die Fra-

ge, wie diese Unternehmerinnenbilder in den Medien entstehen, hat auch eine andere Seite: Wenn ich Autorinnen beauftrage, ernte ich von ihnen oft großes Erstaunen wie wenig konkrete Vorgaben ich ihnen dabei gebe. Sie sind aus den Redaktionen in der Regel gewöhnt, dass gesagt wird: „Also, wir brauchen eine, die muss unter 30 sein, am besten vier Kinder, alleinerziehend und in der und der Branche selbständig."

Das heißt, die Bilder stehen relativ fest, es gibt selbst für freie Autorinnen wenig Spielräume in der Berichterstattung. Dasselbe betrifft Einladungen zu bestimmten Veranstaltungen oder Podiums- und Streitgesprächen. Ich wurde zum Beispiel angefragt, ob ich die Position vertreten würde, dass Frauen selber schuld sind und wenn sie sich ein bisschen mehr anstrengen würden, dann würden sie auch in Führungspositionen und in Machtpositionen kommen. Wenn ich dann sage, das kann ich so nicht vertreten, das ist ein bisschen differenzierter, dann bin ich in dieser Runde nicht mit dabei. Das heißt, es ist ziemlich schwierig, einseitige, klischeehafte und stereotype Bilder in Bewegung zu bringen. Und das hängt damit zusammen, dass es schwer ist, Sachthemen in die Öffentlichkeit zu bringen.

Aber selbst wenn es gelingen würde, die Gentechnik zum Vorbild zu nehmen und die Gründungsforschung differenzierter zu transportieren, haben Frauen noch nicht viel gewonnen. Davon bin ich überzeugt.

René Leicht / Maria Lauxen-Ulbrich

Entwicklung und Determinanten von Frauenselbständigkeit in Deutschland

Zum Einfluss von Beruf und Familie
Beitrag erschienen in: Zeitschrift für KMU und Entrepreneurship 53, 2 (2005)]

Einleitung

Frauen gründen und führen weit seltener als Männer ein eigenes Unternehmen – und wenn sie es tun, dann häufig in anderer Form.

Noch ist wenig darüber bekannt, welche Faktoren die Gründungs- und unternehmerischen Aktivitäten von Frauen beeinträchtigen. Es ist davon auszugehen, dass die Entscheidung zum Schritt in die Selbständigkeit von anderen Motiven, Gelegenheiten, Ressourcen und Restriktionen als bei Männern bestimmt wird. Im vorliegenden Beitrag gehen wir der Frage nach, inwieweit zentrale Charakteristika geschlechtsspezifischer Rollen- und Arbeitsteilung, so z.B. die Wahl bestimmter Berufe oder die Wahrnehmung von Familienverantwortung, Einfluss auf die Entfaltung unternehmerischer Aktivitäten nehmen. Dazu wird zunächst ein Überblick zum Stand der Diskussion auf internationaler Ebene sowie zur Entwicklung und zum Profil von Frauenselbständigkeit in Deutschland gegeben.

1. Frauenselbständigkeit und ihre Determinanten

1.1. Unternehmerische Aktivitäten in geschlechterdifferenzierender und internationaler Sicht

Als Unternehmerinnen sind Frauen in der wissenschaftlichen Literatur, wie *Delmar* und *Holmquist* (2004) sowie *Brush* und *Hisrich* (1999) resümieren, noch weitestgehend „unsichtbar".
Dies gilt umso mehr für den deutschsprachigen Forschungsraum obwohl das Themenfeld zahlreiche Fragen birgt (*Leicht/Welter* 2004): In

allen Mitgliedsstaaten der OECD sind Frauen unter den beruflich Selbständigen deutlich in der Minderheit. Ihr Anteil beträgt in den meisten Ländern lediglich zwischen einem Fünftel und einem Drittel und die Selbständigenquote von Frauen, als Anteil selbständiger an allen erwerbstätigen Frauen, ist zumeist nur ein Drittel bis halb so hoch wie die der Männer (*Lohmann* 2004, OECD 2003).

Dieser „gender gap" kommt nicht erst im Umfang etablierterer Unternehmen sondern bereits in einer frühen Phase zur Geltung. Dem Global Entrepreneurship Monitor (GEM) zufolge kommen im Länderdurchschnitt auf einen Gründer nur 0,57 Gründerinnen. Für Deutschland ergibt sich ein noch ungünstigeres Verhältnis von 1:0,43 (Sternberg et al. 2004), ähnlich wie auch in vielen anderen westeuropäischen Ländern (*Minniti* et al. 2005, *Volery* et al. 2003).

Dennoch ist die Zahl selbständiger Frauen im Verlauf der 80er und 90er Jahre in vielen Ländern gestiegen (OECD 2000). Allerdings deutet einiges darauf hin, dass dieser Boom nicht nur auf eine erhöhte Gründungsneigung, sondern zum Teil auch auf einen stärkeren Zustrom von Frauen auf den Arbeitsmarkt rückführbar ist, weshalb sich in vielen Ländern auch die frauenspezifischen Selbständigenquoten nur wenig verändern (Lohmann 2004).

Frauen und Männer unterscheiden sich nicht nur in der Gründungsneigung sondern – wenn sie denn gründen – auch hinsichtlich der Überlebenswahrscheinlichkeit sowie der Charakteristika und Performance ihrer Unternehmen. Die bislang durchgeführten Studien kommen mehrheitlich zu dem Ergebnis, dass die von Frauen geführten Betriebe zumindest im Aggregat geringere Überlebenschancen als Männerbetriebe aufweisen (*Arum/ Müller* 2004, *Boden/ Nucci* 2000), wobei für die Situation in Deutschland noch wenig Befunde vorliegen (Lohmann/ *Luber* 2004, *Kay* 2003, *Jungbauer-Gans* 1993).[1]

Allerdings verringern sich die Erfolgsunterschiede, wenn Personen mit ähnlichem Bildungsstand und Erfahrungswissen betrachtet werden (*Watson* 2003, Jungbauer-Gans 1993). Weitestgehend unbestritten ist ferner der Umstand, dass Frauen in der Regel vergleichsweise jüngere,

---

1 Dies ist wesentlich auf die Datenlage bzw. auf den Mangel an Längsschnittdaten zurückzuführen.

kleinere und zumeist auch umsatzschwächere Betriebe führen (Fehrenbach 2004, *Backes-Gellner* et al. 2003, *Du Rietz/ Henrekson* 2000).

Das heißt, ihre Wachstumsabsichten scheinen weniger stark ausgeprägt als bei Männern (*Strohmeyer/ Tonoyan* 2004, Welter 2004a), weshalb sie sich auch überproportional häufig in Form eines Ein-Personen-Unternehmens (Leicht 2003) sowie im Zu- und Nebenerwerb betätigen (*Piorkowsky* 2005). Im Vergleich zu ihren männlichen Pendants sind sie zudem eher im Bereich traditioneller persönlicher Dienstleistungen und seltener in innovativen Bereichen oder überregionalen Märkten aktiv (*Lauxen-Ulbrich/* Leicht 2004, *McManus* 2001, *Carter* 2000, *Meyer/ Harabi* 2000).

1.2. Mögliche Einflussfaktoren

Bislang gibt es noch wenig empirisch gesicherte Erkenntnisse über die Ursachen der Geschlechterdiskrepanzen im Gründungsgeschehen und in der Entwicklung unternehmerischer Aktivitäten (*Greene* et al. 2003, McManus 2001). Dabei müssen der Zutritt in die berufliche Selbständigkeit sowie die Charakteristika und der Erfolg unternehmerischen Wirkens nicht unbedingt von den gleichen Faktoren gesteuert werden.

In vorliegender Untersuchung widmen wir uns weniger der Performance von Frauenselbständigkeit als vielmehr der Frage, welche Determinanten die Wahrscheinlichkeit erhöhen oder verringern, dass Frauen statt einer abhängigen einer selbständigen Tätigkeit nachgehen. Arum und Müller kommen in ihrer international zusammenfassenden Untersuchung zu dem Ergebnis, „that the generally observed smaller presence of women in self-employment is primarily due to their lower likelihood of starting self-employment, and less to lower rates of survival than men" (2004, S. 448).

Was begründet die geringere Gründungsneigung unter Frauen? Neben institutionellen Umfeldbedingungen (Delmar/Holmquist 2004, Welter 2004b) kommen vor allem ungünstige Opportunitätsstrukturen und persönliche Merkmale in Betracht. Auf unzureichende Chancen fokussieren Erklärungsansätze, die „Geschlecht" als gesellschaftliche Strukturkategorie begreifen und die Unterschiede in den Neigungen und im Zugang zu Selbständigkeit auf die Strukturen am Arbeitsmarkt, auf

die Familie und vor allem auf Unterschiede in den zur Verfügung stehenden Ressourcen zurückführen (McManus 2001). So werden als
wichtigste Ursachen die Geschlechterunterschiede in der Ausstattung
mit sozialem Kapital, mit spezifischem Humankapital, aber auch unterschiedlich hohe Hürden auf dem Weg in die Selbständigkeit diskutiert
(Tonoyan/ Strohmeyer 2004). Während strittig ist, inwieweit sich Frauen
und Männer in ihrem Zugriff auf selbständigkeitsrelevante Netzwerke
unterscheiden (Greene et al. 2003), herrscht weitestgehend Einigkeit,
dass Töchter geringere Chancen als Söhne haben, einen elterlichen
Betrieb zu übernehmen (Arum/ Müller 2004, ifm 2000).
Frauen und Männer unterscheiden sich jedoch (zumindest in jüngeren
Kohorten) kaum noch in Bezug auf formale Bildung, wohl aber in punkto
Berufs-, Branchen und Führungserfahrung (Strohmeyer 2004a, Franco/
Winqvist 2002, Jungbauer-Gans 1993). Diskrepanzen im Erfahrungswissen werden vor allem mit diskontinuierlichen Erwerbsverläufen sowie
mit Benachteiligungen am Arbeitsmarkt begründet.

1.2.1. Einfluss von beruflicher Segregation und Familienverantwortung

Die Suche nach den relevanten Faktoren zur Erklärung des ungleichen
unternehmerischen Engagements führt zu der Frage, inwieweit hierfür
tradierte Rollenbilder und eine damit verbundene geschlechtsspezifische Arbeitsteilung verantwortlich zeichnen. Ein dauerhaftes Charakteristikum des Erwerbssystems ist die Segregation der Erwerbstätigen in
geschlechtsspezifische Berufe. Der erlernte und ausgeübte Beruf ist jedoch entscheidend dafür, welche Gelegenheiten sich zur Ausübung einer selbständigen Tätigkeit bieten (Delmar/Holmquist 2004, Strohmeyer
2004b, McManus 2001). Aus dieser Perspektive könnte sich die unterschiedliche Gründungsstärke teils daraus erklären, dass Frauen in ihrer
Berufswahl noch immer eher auf typische Frauenberufe zurückgreifen,
die im Vergleich zu Männerberufen möglicherweise weniger Gelegenheiten für den Schritt in die Selbständigkeit bieten (Carr 1996). Bislang
ist aber kaum geprüft, ob die Ausübung eines für Frauen typischen Berufs die Gründung eines Unternehmens erschwert, und wenn ja, in welchem Ausmaß dies Gründungswillige zu einem Berufswechsel zwingt.
Eine berufliche Umorientierung ist immer auch mit der Notwendigkeit
des Neuerwerbs von Wissen verbunden.

Da Familienarbeit größtenteils noch immer Frauensache ist, werden die Lebensumstände bzw. die Doppelbelastung durch Haushalt und Beruf als zentrale Einflussfaktoren diskutiert. In Deutschland wenden erwerbstätige Mütter in Haushalten mit zwei Kindern doppelt so viel Zeit für Familienarbeit auf als Väter (*Statistisches Bundesamt* 2003). Je nach betrieblicher Performance erfordert der unternehmerische Wettbewerb jedoch die „ganze Frau". McManus (2001) weist darauf hin, dass familienbezogene Aspekte bei der Erklärung weiblicher Gründungsaktivitäten jedoch in zwei unterschiedliche Richtungen weisen können, d.h. sowohl die lang anhaltende Unterrepräsentation von Frauen in der beruflichen Selbständigkeit erklären können als auch den mittlerweile in vielen Staaten beobachtbaren Boom. Denn einerseits vermindern (sowohl reale als auch antizipierte) familiäre Verpflichtungen die Möglichkeiten des Erwerbs gründungsrelevanter Ressourcen bzw. sie verkürzen das für die unternehmerische Tätigkeit notwendige Zeitbudget. Andererseits eröffnet die Gründung eines eigenen Unternehmens unter Umständen auch Chancen, Familien- und Erwerbsarbeit durch eine räumlich und zeitlich flexible Arbeitsgestaltung unter einen Hut zu bekommen, wenngleich dies ggf. mit Teilzeitselbständigkeit verbunden ist (Lohmann 2004). Ein positiver Zusammenhang zwischen Mutterschaft und Selbständigkeit wird v.a. in US-amerikanischen Studien konstatiert (*Lombard* 2001, *Boden* 1999, Carr 1996), wo die sozialen Sicherungssysteme, etwa in Bezug auf Mutterschutz, weniger Möglichkeiten des Verbleibs in einer abhängigen Beschäftigung bieten. Inwieweit berufliche Segregation und Familienverantwortung neben anderen Einflussfaktoren in Deutschland von Bedeutung sind, wird im Folgenden geprüft. Zunächst wird ein kurzer Überblick zur Entwicklung selbständiger Frauen gegeben.

2. Datenbasis

Als Untersuchungsgrundlage dient die repräsentative jährliche Mikrozensuserhebung des Statistischen Bundesamtes, mit der 1% aller Haushalte in Deutschland und mithin rund 820.000 Personen befragt werden. Um zeitnahe Berechnungen durchzuführen, wird zum Teil auf die Aggregatdaten aus dem Jahr 2004 und auf die früherer Jahre zurückgegriffen. Zusätzlich werden die Individualdaten des scientific use file (anonymisierte 70%-Unterstichprobe) aus dem Jahr 2000 verwendet, um auch mehrdimensionale Analysen zu ermöglichen. Ein wesentlicher Vorteil gegenüber anderen Studien liegt darin, dass die Daten nicht nur Angaben über selbständige sondern auch über abhängig beschäftigte Frauen sowie über selbständige Männer aufweisen und daher bspw. Strukturvergleiche erlauben.

3. Zunahme bei andauernder Unterrepräsentation

Im Zeitraum von der Wiedervereinigung bis zum Jahr 2004 ist die Zahl selbständiger Frauen in Gesamtdeutschland um 43% und die der Männer lediglich um 21% gestiegen (Schaubild 1). Dies ist natürlich auch auf das niedrigere Ausgangsniveau bei Frauen zurückzuführen, denn absolut betrachtet hat sich die Zahl selbständiger Frauen seitdem um 332.000, die der Männer jedoch um 483.000 erhöht. Immerhin liegt der Frauenanteil an allen Selbständigen nunmehr etwas unter der 30%-Marke während er vor einem Vierteljahrhundert bei knapp über 20% verharrte (Tabelle 1). Doch verglichen mit dem Anteil von Frauen in anderen Erwerbsgruppen ist dieser noch immer gering. Unter den abhängig Beschäftigten stellen die Frauen fast die Hälfte (46%). Die geringe Gründungsneigung unter Frauen kommt deutlicher in der Selbständigenquote zur Geltung. Sie wuchs zwar seit Anfang der 90er Jahre um 2%-Punkte auf 7% an, ist damit aber noch immer nur halb so hoch wie die der Männer, denn deren Selbständigenquote ist seit Anfang der 90er Jahre ebenfalls beträchtlich angestiegen (Tabelle 1).

Schaubild 1: Index der Entwicklung selbständiger Frauen in Deutschland (1991=100)

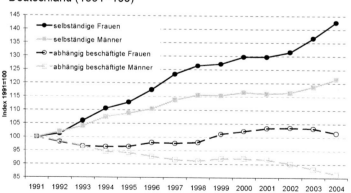

Tabelle 1: Frauenanteil an Selbständigen und Selbständigenquote

	Frauen			Männer		
	in 1000	Anteil Selbst.	Selb.-quote %	in 1000	Anteil Selbst.	Selb.-quote %
1981[*]	480	21,2	4,7	1 786	78,8	10,6
1991	780	25,7	5,0	2 257	74,3	10,3
2004	1112	28,9	7,0	2 740	71,1	13,9

Quelle: Statistisches Bundesamt (Mikrozensus); eigene Berechnungen
[*] Früheres Bundesgebiet

Der Abstand zur Selbständigenquote der Männer würde sich jedoch verringern, wenn dort nicht gleichzeitig ein Abschmelzen abhängiger Beschäftigung zu beobachten wäre (Schaubild 1), was den Proporz zugunsten männlicher Selbständiger verbessert.

Mit Blick auf diese Zahlen stehen zwei Forschungsfragen gleichzeitig im Mittelpunkt: Woraus erklärt sich die geringe Präsenz selbständiger Frauen („gender gap") und welche Faktoren befördern die jüngst gestiegenen weiblichen Gründungsaktivitäten („Gründerinnenboom")? Letztgenannte Frage ist vor dem Hintergrund zu sehen, dass zum einen die mit Abstand höchsten Selbständigenzuwächse bei denjenigen Frauen zu verzeichnen sind, die einen Hochschulabschluss vorweisen können (Strohmeyer 2004a). Allein die Zahl selbständiger Akademikerinnen hat sich im Beobachtungszeitraum mehr als verdoppelt, wobei diese Zunahme per Saldo weit über die Hälfte des Zuwachses an selbständigen Frauen insgesamt ausmacht. Zum anderen haben gleichzeitig Formen von kleinstbetrieblicher und von Teilzeitselbständigkeit unter Frauen zugenommen (Piorkowsky 2005, Leicht 2003).

Das heißt, der Gründerinnenboom ging mit einer sich (in mehrfacher Hinsicht) verändernden Qualität einher. Von noch größerem Interesse ist, welche Umstände es sind, die eine beträchtliche Zahl an Frauen vom Schritt in die Selbständigkeit abhalten.

4. Arbeitserfahrung und berufliche Kenntnisse

Neben formaler Bildung sind Arbeitserfahrung und der Beruf sowie die damit verbundenen Kenntnisse zentrale Ressourcen für den Schritt in die Selbständigkeit. In welchem Umfang kommen sie bei Gründerinnen zum Einsatz und welche Bedeutung haben sie?

4.1. Erwerbsposition vor der Gründung und Berufswechsel

Der Erwerbsverlauf von Frauen ist häufig, und zumeist familienbedingt, von größerer Unstetigkeit geprägt. Wenngleich zurückliegende Erwerbsunterbrechungen mit den Querschnittsdaten nicht nachgezeichnet werden können, lässt sich anhand einer Retrospektivfrage im Mikrozensus rekonstruieren, welche berufliche Position Gründerinnen zuvor einnahmen. Demnach erfolgen mehr als zwei Drittel (69%) aller Gründungen von Frauen aus einer abhängigen Beschäftigung, während dies bei Männern vier Fünftel sind (80%).

Die Geschlechter unterscheiden sich zwar kaum im Anteil der aus der Arbeitslosigkeit gestarteten Gründungen (8%), doch stand fast ein Viertel der Frauen (23%) dem Arbeitsmarkt zuvor gar nicht zur Verfügung (z.B. bei Gründung nach einer Ausbildung oder als Hausfrau). Dies bedeutet, dass hier vermutlich in vielen Fällen wichtige Ressourcen, wie Arbeitserfahrung, Netzwerkkontakte usw., fehlen. Doch nicht alle Gründerinnen, die zuvor erwerbstätig waren, verfügen über adäquate berufliche Kenntnisse.

Die Frage ist, inwieweit relevante Berufserfahrungen überhaupt zur Anwendung kommen. Hier zeigen die Daten: Soweit die Gründung aus einer abhängigen Beschäftigung erfolgt, wechselt – ähnlich wie bei Männern – lediglich etwa jede achte Frau hierfür den Beruf. Dies ist jedoch weit häufiger der Fall, wenn Frauen aus der Nichterwerbstätigkeit gründen. Ein Drittel der Frauen, die unmittelbar zuvor Hausfrau waren, griff nicht auf den früher ausgeübten Beruf zurück. Dies erscheint besonders bei Erwerbsunterbrecherinnen bzw. Wiedereinsteigerinnen, deren Qualifikationen obsolet wurden, nahe liegend.

Insgesamt ist also festzustellen, dass ein Teil selbständiger Frauen unter vergleichsweise ungünstigen Bedingungen gründet, was den Verbleib in der Selbständigkeit voraussichtlich erschwert. Wichtig ist jedoch, ob und inwieweit berufliche Entscheidungen das Gründungspotenzial bereits im Vorfeld schmälern. Hierauf wird nachfolgend eingegangen.

4.2. Bedeutung von Beruf und beruflicher Segregation

Je nach Beruf bieten sich unterschiedliche Gelegenheiten um auf eigene Rechnung arbeiten zu können. So ist nachvollziehbar, dass bspw. Berufe, die vorwiegend im großbetrieblichen Kontext, etwa in Industrie und Verwaltung, ausgeübt werden oder solche im sozialen oder erzieherischen Bereich, weniger Chancen zur Gründung eines Unternehmens bieten als bspw. die Reihe an handwerklichen oder Freien Berufen.[2]

Welche Opportunitätsstrukturen bieten sich den Frauen und welche Rolle spielt die berufliche Ungleichheit zwischen den Geschlechtern?

Ein Großteil erwerbstätiger Frauen lässt sich wenigen Berufsgruppen zuordnen. Allein über die Hälfte (55%) aller Frauen finden sich in 6 von insgesamt 87 Berufsgruppen[3] und dazu zählen im wesentlichen die einfacheren Büro-, Verkaufs-, Reinigungs- und Gesundheitsdienstberufe sowie soziale und pädagogische Berufe. Dagegen arbeiten nur 13% aller erwerbstätigen Männer in diesen Feldern. Hier ist von besonderer Bedeutung, dass die meisten Berufe in diesen Gruppen eher geringe Gründungschancen bieten.

So sind von den Frauen in den genannten Büro- oder in den sozialen Berufen nur 1% bzw. 2% selbständig. Auch die Selbständigenquote von Männern ist hier mit 2% bzw. 3% gering, zeigt aber (wie auch bei einigen anderen Berufen), dass die Geschlechterdiskrepanz in der Gründungsneigung nicht nur zwischen, sondern auch innerhalb einzelner Be-

---

2 Die Branche in welcher der Beruf ausgeübt wird, ist nur bedingt ein Indikator, da etwa eine Krankenschwester oder eine Anwaltsgehilfin unter ungleich schwierigeren Bedingungen als eine Ärztin oder eine Anwältin in die Selbständigkeit wechseln kann.

3 Klassifizierung der Berufe auf Zweistellerebene (Mikrozensus).

rufe besteht.[4] Um die Komplexität in der Vielzahl an Berufen zu reduzieren und den Einfluss der Berufswahl auf die Gründungschancen abschätzen zu können, sind in Tabelle 2 die Tätigkeitsfelder nach Frauen- und Männerberufen sowie nach sog. integrierten Berufen sortiert.[5] Hierbei wurde sogar nach 369 Berufsklassen differenziert.[6]

Tabelle 2: Berufliche Segregation der Erwerbstätigen*) nach Geschlecht in %

Berufe	Frauen			Männer		
	Abh. Besch.	Selbstän-dige	Selb.-quote	abhängig Besch.	Selbstän-dige	Selb.-quote
Frauenberufe	72,9	35,6	3,1	15,8	8,2	6,6
integrierte B.	18,6	45,6	13,9	19,6	37,3	20,6
Männerberufe	8,5	18,8	12,7	64,7	54,5	10,3
Gesamt	100,0	100,0	6,2	100,0	100,0	12,0

*) im Alter18-59 Jahre, ohne Erziehungsurlauber/innen; ohne mithelfende Familienangehörige.
Quelle: Statistisches Bundesamt (Mikrozensus 2000, scientific Use file); eigene Berechnungen

Betrachtet man zunächst die Verteilung, dann üben in der abhängigen Beschäftigung konsequenterweise drei Viertel (73%) aller Frauen und nur 16% aller Männer einen typischen Frauenberuf aus. Demgegenüber ist das Ausmaß beruflicher Segregation unter selbständigen Frauen nicht so stark ausgeprägt. Hier fällt nur etwas mehr als ein Drittel in die Kategorie der Frauenberufe, während fast die Hälfte aller selbständigen Frauen einem „integrierten" und ein knappes Fünftel einem Männerberuf nachgeht.

---

4 So sind bspw. in der Sparte „Verkaufspersonal" lediglich 3% aller Frauen, aber 10% aller Männer selbständig. Bei den „übrigen Gesundheitsdienstberufen" (ohne Ärzte) beträgt das Verhältnis 4% zu 9%.

5 Als "frauendominiert" bzw. Frauenberufe werden in Anlehnung an Hakim (1998) und einer international gebräuchlichen Definition solche Berufe bezeichnet, in denen der Frauenanteil mehr als 15%-Punkte über demjenigen Anteil liegt, den Frauen insgesamt an allen Erwerbstätigen einnehmen. Adäquates gilt für *Männerberufe*. Dazwischen liegen die "integrierten" Berufe.

6 Hier Klassifizierung der Berufe auf Dreistellerebene.

Bereits die geschilderten Strukturen legen nahe, dass sich eher jene Frauen selbständig machen, die keinen typischen Frauenberuf ausüben oder aber von dort in eine andere Tätigkeit wechseln. Offenbar bieten viele Frauenberufe keine günstigen Voraussetzungen zur Gründung eines Unternehmens, denn hier liegt die Selbständigenquote mit 3% nur halb so hoch wie im Durchschnitt (Tabelle 2).[7] Dies gilt auf anderem Level auch für Männer. Die höchsten Selbständigenquoten ergeben sich nicht in den Männerberufen, sondern – bei beiden Geschlechtern – im Feld der integrierten Berufe.

Insgesamt unterstützen die Ergebnisse die These, dass die Art des ausgeübten Berufs eine (mit)entscheidende Ursache für das geringe Niveau beruflicher Selbständigkeit unter Frauen ist. Dies wird weiter unten unter Kontrolle weiterer Einflussfaktoren geprüft.

5. Lebensform und Familienverantwortung

Nach McManus ist davon auszugehen, „that family institutions are crucial components of any explanation of female self-employment" (2001, S. 85). Dies führt zunächst zu der Frage, in welchem Haushaltskontext selbständige Frauen leben und worin sie sich von selbständigen Männern und Arbeitnehmerinnen unterscheiden.

In Kürze lässt sich festhalten, dass bei allen drei Gruppen die Ehe bzw. das Zusammenleben mit einer/einem Partner/in die am häufigsten praktizierte Lebensform darstellt. Selbständige Männer sind jedoch seltener allein erziehend als selbständige Frauen bzw. haben etwas häufiger Kinder in einer Lebensgemeinschaft (Lauxen-Ulbrich/ Leicht 2004).

Sieht man vom Partnerschaftsbezug ab, dann verringern sich die Unterschiede zur Lebensform der Frauen. Ähnlich wie bei Männern wohnt bei 38% der abhängig und bei 42% der selbständig beschäftigten Frauen noch mindestens ein Kind im Alter unter 18 Jahren im Haushalt (Tabelle 3).[8] Selbständige Frauen haben etwas häufiger als Arbeitnehmerinnen

---

7 Die Selbständigenquote weicht von der in Tab. 1 leicht ab, da hier Daten des Jahres 2000 verwendet und zudem Einschränkungen (s. Anmerkung) vorgenommen wurden.

8 Bei mehreren Kindern zählt jeweils das Alter des jüngsten Kindes im Haushalt. Betrachtet werden nur „aktiv" Erwerbstätige, d.h. die Erziehungsurlauberinnen wurden hier ausgeklammert.

sehr junge Kinder, doch insgesamt betrachtet unterscheidet sich die Lebensform von selbständigen und abhängig beschäftigten Frauen kaum.

Tabelle 3: Erwerbstätige Frauen[1] nach Alter der Kinder im Haushalt (%)

	Mit [1] Kind <18 J.	mit Kind im Alter von ...				
		15-18 J.	10-15 J.	6-10 J.	3-6 J.	0-3 J.
abhängig	37,8[2]	12,3	17,3	10,8	6,5	4,2
selbständig	41,6[2]	12,4	18,8	12,5	8,8	6,5

1) im Alter18-59 Jahre, ohne Erziehungsurlauber/innen; ohne mithelfende Familienangehörige.
2) Nicht Summe aus Altersstufen, da Mehrfachnennungen bei Frauen mit mehreren Kindern.
Quelle: Statistisches Bundesamt (Mikrozensus 2000, scientific use file); eigene Berechnungen

Zunächst anhand der Strukturen betrachtet, stehen Kinder im Haushalt offenbar der Ausübung einer selbständigen Tätigkeit nicht entgegen. Dies wird noch dadurch unterlegt, dass bei selbständigen Frauen (und Männern) die Zahl der Kinder sogar tendenziell etwas höher als bei den Arbeitnehmerinnen liegt. Wie stark Familienverantwortung jedoch mit selbständiger Erwerbsarbeit korrespondiert, wird nachfolgend in einem multivariaten Erklärungsmodell geprüft.

6. Multivariates Erklärungsmodell

Noch unklar ist, inwieweit die bisherigen Befunde auf den Einfluss weiterer gründungsrelevanter Faktoren zurückzuführen sind. Daher wird unter Kontrolle weiterer Determinanten, d.h. mit Hilfe logistischer Regressionen abgeschätzt, welche Einflussfaktoren die Wahrscheinlichkeit der Ausübung einer selbständigen Erwerbsarbeit bei Frauen erhöhen oder verringern. Dabei stellt sich die Frage, welche Determinanten geschlechtsspezifisch unterschiedliche Effekte zeigen.

Ausgehend von der These, dass die Unterrepräsentation von Frauen in der Selbständigkeit im Kontext mit Ungleichheiten in der beruflichen Orientierung und einer geschlechtsspezifischen Arbeitsteilung in Haushalt und Familie zu sehen ist, interessiert vor allem der Einfluss des ausgeübten Berufs (Frauen-, Männer- oder integrierter Beruf) sowie der Lebensform (Kinder im Haushalt). Als weitere Einflussfaktoren und Kontrollvariablen werden das Zusammenleben mit einem Lebenspartner, das Alter und die Bildung ins Modell aufgenommen.[9]

In Tabelle 4 sind die Ergebnisse der binären Logit-Modelle jeweils für erwerbstätige Frauen und Männer abgebildet. Wie bereits aus anderen Studien bekannt, steigt mit zunehmendem Lebensalter, das teils auch Arbeitserfahrung widerspiegelt, die Chance auf die Ausübung einer selbständigen Tätigkeit zunächst an, nimmt aber gegen Ende des Erwerbslebens wieder ab. Allerdings sind die Effekte für beide Geschlechter gleich. Auch der allgemeine Schulabschluss (nicht abgebildet) weist keine Geschlechter trennenden Effekte auf.

Hingegen zeigen sich bei den Berufsabschlüssen Unterschiede. So nimmt ein Hochschulabschluss bei Frauen einen leicht stärkeren Einfluss als bei Männern, der Besitz eines Meisterbriefs dagegen einen etwas geringeren (ähnlich Strohmeyer 2004a). Unter den Akademikerinnen ist die Wahrscheinlichkeit, dass sie selbständig arbeiten, mehr als doppelt so hoch wie bei Frauen ohne Berufsabschluss.[10]

Bei Männern schlägt dieser Effekt nicht ganz so stark durch. Wie auch die Selbständigenquoten zeigen (nicht abgebildet), verringert sich das gender gap unter Höhergebildeten, bleibt aber dennoch bestehen. Letztlich kann die Struktur formaler Bildungsabschlüsse die geringere Selbständigkeitsneigung von Frauen noch nicht ausreichend erklären.

---

9 Als zusätzliche Kontrollvariablen dienen die schulische Bildung und die Region (Ost-Westdeutschland), die jedoch in der Tabelle nicht abgebildet wurden.

10 Aus Gründen der Übersichtlichkeit sind die odds in der Tabelle nicht enthalten.

Tabelle 4: Determinanten für die Wahrscheinlichkeit, selbständig oder abhängig beschäftigt zu sein

abhängig beschäftigt = 0 selbständig = 1	Frauen[2)] Logit-Koeffizient	Männer[2)] Logit-Koeffizient
Alter der Kinder im Haushalt (Referenz: Kein Kind)		
Kind(er) 0 bis unter 3 Jahre	0,775**	0,227**
Kind(er) 3 bis unter 6 Jahre	0,619**	0,212**
Kind(er) 6 bis unter 10 Jahre	0,270**	0,037
Kind(er) 10 bis unter 15 Jahre	0,189**	0,002
Kind(er) 15 bis unter 18 Jahre	-0,001	-0,112*
Lebens-/Ehepartner im Haushalt (Referenz: ohne Partner)		
Mit Lebens-/Ehepartner	-0,017	-0,127**
Segregation (Referenz: integrierter Beruf)		
Frauenberuf	-1,596**	-1,310**
Männerberuf	-0,066	-0,725**
Alter (Jahre)	0,204**	0,205**
Alter quadriert	-0,002**	-0,002**
Berufliche Bildung (Referenz: ohne beruflichen Abschluss)		
Lehre oder vergleichbarer Abschluss	0,242**	-0,009
Meister, Techniker, Absolvent Berufsakademie	0,851**	1,031**
Fachhochschul-/Ingenieurabschluss	0,472**	0,328**
Hochschulabschluss/Promotion	0,725**	0,484**
Konstante	-7,505**	-6,586**

Signifikante Effekte: ** bei p<0,01, * bei p<0,05 Binär logistische Regression.
In beiden Modellen zusätzlich kontrolliert: Schulische Bildung, Ost-/Westdeutschland.
2) im Alter von 18-59 Jahre, ohne Erziehungsurlauber/innen, ohne mithelfende Familienangehörige.
Quelle: Statistisches Bundesamt (Mikensus 2000, scientific use file); eigene Berechnungen

Im Mittelpunkt der Betrachtung stehen daher Effekte, die im Kontext nachhaltig wirksamen Rollenverhaltens zu sehen sind. Dazu zählt vor allem die Berufswahl bzw. der ausgeübte Beruf. In unserem Regressionsmodell sinkt die Wahrscheinlichkeit im Zugang zur Selbständigkeit beträchtlich, wenn Personen einen typischen Frauenberuf ausüben. Dies gilt für beide Geschlechter, aber noch stärker für Frauen (Referenzkategorie jeweils: integrierte Berufe). Mit einem Koeffizient von -1,3 (bei Männern) bzw. sogar -1,6 (bei Frauen) zeigt der Faktor „Frauenberuf" nicht nur einen deutlich negativen, sondern auch den in beiden Modellen stärksten Effekt. Ihm kommt weit höhere Erklärungskraft als Bildung oder Alter zu. Wie schon bei den Selbständigenquoten ersichtlich, führt ein sog. integrierter Beruf mit höherer Wahrscheinlichkeit in die Selbständigkeit.

Demgegenüber erweisen sich junge Kinder im Haushalt nicht als hinderlich für das Unternehmerinnendasein. Im Gegenteil: Frauen mit einem Kind unter 3 Jahren sind mit mehr als doppelt so hoher Wahrscheinlichkeit selbständig als Frauen ohne Kinder im Haushalt (Referenzkategorie).[10] Mit abnehmendem Kindesalter bzw. zunehmendem Betreuungsaufwand wächst die Wahrscheinlichkeit, selbständig statt abhängig beschäftigt zu sein. Bei Frauen ist dieser Zusammenhang stark, bei Männern nur sehr schwach ausgeprägt. Dies gilt jedoch nur für den Vergleich unter den Erwerbstätigen, denn die Partizipation am Erwerbsleben ist – wie auch andere Studien zeigen – eine zentrale Voraussetzung für den Wechsel ins Unternehmertum. Hinzuzufügen ist, dass das Zusammenleben mit einem Partner bei Frauen keinen signifikanten Einfluss auf die Entwicklung unternehmerischer Aktivität nimmt, zumindest nicht, wenn die Ressourcen des Partners unberücksichtigt bleiben (hierzu: Strohmeyer/ Lauxen-Ulbrich 2003).

Insgesamt müssen die Ergebnisse vor dem Hintergrund gesehen werden, dass – wie aufgezeigt – nur eine Minderheit der Frauen betreuungsbedürftige Kinder hat und soweit dies der Fall ist, auch Selbständigkeit eher in Teilzeitform ausgeübt wird (Lauxen-Ulbrich/ Leicht 2004). Anhand der Daten kann im Übrigen nicht geprüft werden, wie viele Frauen schon vor der Geburt des jüngsten Kindes selbständig waren. Das heißt, eine Geburt kann Anlass zum Wechsel in eine flexible selbständige Tätigkeit sein. Umgekehrt kann Selbständigkeit aber auch eine günstige Ausgangsbasis für die Gründung oder Erweiterung einer Familie bieten (Lohmann 2004).

7. Fazit

Ähnlich wie in anderen europäischen Ländern ist in Deutschland mit der seit längerem wachsenden Erwerbs- und Bildungsbeteiligung von Frauen auch die Zahl der Gründerinnen gestiegen. Gemessen an der Selbständigenquote hat sich die Gründungsneigung von Frauen bislang allerdings nur moderat erhöht. Sie ist nach wie vor nur halb so hoch wie die der Männer.

Unter einem ressourcenorientierten Ansatz werden für das „gender gap" in der beruflichen Selbständigkeit vor allem das durchschnittlich geringere Humankapital von Frauen, wie etwa unzureichende Arbeits- und Branchenerfahrung, aber genauso mangelnde Chancen der Verwertung von formaler Bildung verantwortlich gemacht. Hier wurde aufgezeigt, dass das Defizit an Gründungschancen zudem auch in engem Zusammenhang mit der Segregation der Erwerbstätigen in geschlechtstypische Berufsfelder zu sehen ist. Für Frauen, die in einem Frauenberuf arbeiten, reduzieren sich die Gelegenheiten drastisch, selbständig zu werden. Auch unter Kontrolle weiterer Variablen zeigt die Zugehörigkeit zu einem Frauenberuf einen durchschlagend negativen Effekt. Allerdings arbeiten fast drei Viertel aller abhängig beschäftigten Frauen in einem frauentypischen Beruf. Hier erfordert eine Gründung oft einen Berufswechsel und den Erwerb neuen Wissens. So ist zu befürchten, dass mit klassischen Maßnahmen der Gründungsförderung nur ein geringer Teil der Frauen erreicht wird, weil sich Frauen mit den „falschen" Berufen erst gar nicht für Selbständigkeit interessieren.

Während die geschlechtsspezifische Arbeitsteilung im Berufsleben den Weg in die Selbständigkeit erkennbar blockiert, sind die Folgen der Arbeitsteilung im Familienleben eher indifferent. Zwar zeigt sich deutlich, dass Frauen mit Kindern, wenn sie denn erwerbstätig sind, überdurchschnittlich stark an beruflicher Selbständigkeit partizipieren, doch ist über die Performance noch wenig bekannt. Immerhin bietet Selbständigkeit Müttern voraussichtlich mehr Flexibilität in der Arbeitsgestaltung. Rein zahlenmäßig handelt es sich bei dieser Gruppe allerdings um kein allzu großes Potenzial. D.h., auch wenn noch mehr Mütter Selbständigkeit als Möglichkeit entdecken, Beruf und Familie unter einen Hut zu bekommen, dürfte sich hierdurch das gender gap nicht merklich verringern.

Insgesamt legen die Ergebnisse nahe, dass Ungleichheiten in der Entfaltung unternehmerischer Aktivitäten bereits zu einem frühen Zeitpunkt, insbesondere in der Phase der Sozialisation und beruflichen Orientierung angegangen werden müssen. Die zur Verfügung stehenden Daten beruhen zwar auf einer Momentaufnahme und erlauben keine Längsschnitt- und auch keine Langzeitanalyse. Aber alle sonstigen Rahmendaten weisen darauf hin, dass sich das Berufswahlverhalten von jungen Frauen im Zeitverlauf kaum verändert. Hoffnung bereitet allenfalls der generelle Bildungsschub, der mehr Frauen zu professionellen Dienstleistungen und darüber dann auch vermehrt in die freiberufliche Selbständigkeit führt.

Wagt man den Blick nach vorne, dann dürfte zudem die Pluralisierung von Lebensstilen das Interesse von Frauen an flexiblen und autonomen Arbeitsformen erhöhen.

Literatur

Arum, R./Müller, W. (2004): The Reemergence of Self-Employment: A Cross-National Study of Self-Employment Dynamics and Social Inequality, Princeton University Press. – Backes-Gellner, U./ Kay, R. (2003): Unternehmerinnen in Deutschland, Bundesministerium für Wirtschaft und Arbeit (Hg.).

Boden, R.J. (1999): Flexible Working Hours, Family Responsibilities, and Female Self-Employment. Gender Differences in Self-Employment Selection, in: American Journal of Economics and Sociology, Vol. 58, No. 1, S. 71-84.

Boden, R.J./Nucci, A.R. (2000): On the survival Prospects of mens and womens new business ventures, in: Journal of Business Venturing, Vol. 15, S. 347-362.

Brush, C./Hisrich, R. (1999): Women-Owned Businesses: Why Do They Matter?, in: Acs, Z.J. (Hg.): Are Small Firms Important?, Boston, S. 111-127.

Carr, D. (1996): Two Paths to Self-Employment? in: Work and Occupations, Vol. 23, No. 1, S. 26-53.

Carter, S. (2000): Gender and Enterprise, in: Carter, S./Dylan, J-E. (Hg.), Enterprise and Small Business. Principles, Practice and Policy. Harlow, S. 166-181.

Delmar, F./Holmquist, C. (2004): Women entrepreneurship issues and policies, OECD Report. Paris: OECD.

Du Rietz, A./Henrekson, M. (2000): Testing the Female Underperformance Hypothesis, in: Small Business Economics, Vol. 14, No. 1, S. 1-10.

Fehrenbach, S. (2004): Charakteristika der von Frauen und Männern geführten Betriebe, in: Leicht, R./ Welter, F. (Hg.), Gründerinnen und selbständige Frauen. Potenziale, Strukturen und Entwicklungen in Deutschland, Karlsruhe, S. 170-193.

Franco, A./Winqvist, K. (2002): Wochenendarbeit von Frauen und Männern und ihre familiäre Situation, in: Statistik kurz gefasst, Thema 3, No. 14.

Greene, P.C./Hart, M.M./Gatewood, E.J./Brush, C.G./Carter, N.M. (2003): Women Entrepreneurs: Moving Front and Center: An Overview of Research and Theory, Coleman White paper (manuscript).

Hakim, C. (1998): Social Change and Innovation in the Labor Market, Oxford, New York.

ifm (2000): Geschlechtstypische Nachfolgeprobleme in kleinen und mittleren Unternehmen, Institut für Mittelstandsforschung, Universität Mannheim, Grüne Reihe, Nr. 40.

Jungbauer-Gans, M. (1993): Frauen als Unternehmerinnen, in: Beiträge zur Gesellschaftsforschung, Bd. 11, Frankfurt a.M.

Kay, R. (2003): Die Entwicklung junger Unternehmen in Nordrhein-Westfalen, in: IfM Bonn (Hg): Jahrbuch zur Mittelstandsforschung 2/2002.

Lauxen-Ulbrich, M./**Leicht,** R. (2004): Wirtschaftliche und berufliche Orientierung von selbständigen Frauen, in: Leicht, R./Welter, F. (Hg.), Gründerinnen und selbständige Frauen, Karlsruhe, S. 72-96.

Leicht, R. (2003): Profil und Arbeitsgestaltung soloselbständiger Frauen und Männer: Versuch einer empirischen Verortung von Ein-Personen-Unternehmer/innen, in: Gottschall, K./Voß, G.G. (Hg.), Entgrenzung von Arbeit und Leben, München/Mering, S. 231-260.

Leicht, R./**Lauxen-Ulbrich,** M. (2004): Umfang und längerfristige Entwicklung selbständiger Frauen, in: Leicht, R./ Welter, F. (Hg.), Gründerinnen und selbständige Frauen, Karlsruhe, S. 41-53.

Leicht, R./**Welter,** F. (2004): Gründerinnen und selbständige Frauen. Potenziale, Strukturen und Entwicklungen in Deutschland, Karlsruhe.

Lohmann, H. (2004): Berufliche Selbständigkeit von Frauen und Männern im internationalen Vergleich. Welche Rolle spielt die Vereinbarkeit von Familie und Erwerbstätigkeit? in: Schmid, G./Gangl, M./Kupka, P. (Hg): Arbeitsmarktpolitik und Strukturwandel: Empirische Analysen, BeitrAB 286, Nürnberg, S. 205-226.

Lohmann, H./**Luber,** S. (2004): Trends in Self-Employment in Germany: Different Types, Different Developments, in: Arum, R./Müller, W. (Hg.): The Reemergence of Self-Employment: A Cross-National Study of Self-Employment Dynamics and Social Inequality, Princeton University Press, S. 36-74. – Lombard, K.V. (2001): Female self-employment and demand for flexible, nonstandard work schedules, in: Economic Inquiry, Vol. 38, No. 2, S. 214-237.

McManus, P.A. (2001): Women´s Participation in Self-Employment in Western Industrialized Nations, in: International Journal of Sociology, Vol. 31, No. 2, S. 70-97.

Meyer, R./Harabi, N. (2000): Frauen-Power unter der Lupe. Geschlechtsspezifische Unterschiede zwischen Jungunternehmerinnen und Jungunternehmern, Discussion Paper 2000-4 FH Solothurn.

Minniti, M./Arenius, P./Langowitz, N. (2005): Global Entrepreneurship Monitor 2004. Report on Women and Entrepreneurship, Babson College. – OECD (2003): Annual Labour Force Statistics, Paris. – OECD (2000): Employment Outlook 2000, Chapter 5: The partial Reemergence of Self-Employment, Paris.

Piorkowsky, M-B. (2005): Teilzeitselbständigkeit, in: Welter, F. (Hg.): Dynamik im Unternehmenssektor: Theorie, Empirie und Politik, Berlin

Plicht, H./Schreyer, F. (2002): Ingenieurinnen und Informatikerinnen. Schöne neue Arbeitswelt? IAB Kurzbericht 11/02, S. 1-5.

Statistisches Bundesamt (2003): Wo bleibt die Zeit? Die Zeitverwendung der Bevölkerung in Deutschland, Wiesbaden

Sternberg, R./Bergmann, H./Lückgen, I. (2004): Global Entrepreneurship Monitor. Unternehmensgründungen im weltweiten Vergleich. Länderbericht Deutschland 2003, Köln.

Strohmeyer, R./Lauxen-Ulbrich, M. (2003): Die Wirkung partner- und familienbezogener Ressourcen und Restriktionen auf die Gründungsaktivitäten von Frauen, Beitrag zur 3. Mikrozensus-Nutzerkonferenz, Mannheim

Strohmeyer, R. (2004a): Berufliche Ausbildung und Gründungsaktivitäten im Geschlechtervergleich, in: Leicht, R./Welter, F. (Hg.), Gründerinnen und selbständige Frauen, Karlsruhe, S. 97-118.

Strohmeyer, R. (2004b): Studienfachwahl und berufliche Platzierung von selbständigen Akademikerinnen, in: Leicht, R./Welter, F. (Hg.), Gründerinnen und selbständige Frauen, Karlsruhe, S. 97-118.

Strohmeyer, R./Tonoyan, V. (2004): Determinants of Employment Growth in Small Ventures: Comparison of Female vs. Male Owned Businesses in Germany, Babson-Kauffman Entrepreneurship Research Conference, University of Glasgow, Scotland.

Tonoyan, V./Strohmeyer, R. (2004): How Difficult Is It to Start Own Businesses? An Examination by Gender in 22 Western European Countries, International Conference on Entrepreneurship, Paris.

Volery, T./**Haour**, G./**Leleux**, B./**Surlemont**, B./**Chantrain**, D. (2003): Global Entrepreneurship Monitor, Bericht 2003 zum Unternehmertum in der Schweiz und weltweit, Universität St. Gallen.

Watson, J. (2003): Failure rates for female-controlled business: Are they different? in: Journal of Small Business Management, Vol. 41, No. 3, S. 262-277.

Welter, F. (2004a): Gründerinnenpotenziale, in: Leicht, R./Welter, F. (Hg.), Gründerinnen und selbständige Frauen, Karlsruhe, S. 54-71.

Welter, F. (2004b):Rahmenbedingungen für Gründerinnen und Unternehmerinnen in Deutschland, in: Leicht, R./Welter, F. (Hg.), Gründerinnen und selbständige Frauen, Karlsruhe, S. 194-213.

Welter, F./**Lagemann**, B. (2003): Gründerinnen in Deutschland - Potenziale und institutionelles Umfeld. Untersuchung des RWI, Heft 41.

Michael -Burkhard Piorkowsky

Institutionelle Einflüsse auf das Unternehmerbild

Einführung und Überblick

Zur Analyse von institutionellen Einflüssen auf das Unternehmerbild werden in diesem Beitrag einige der Institutionen beleuchtet, die in besonderer Weise der Förderung der Gründungsneigung und der Realisierung der Unternehmensgründung dienen sollen.

Dazu gehören – in der Vorgründungsphase – die Beratungsinstitutionen und Förderprogramme. Diese sind ganz überwiegend am Gründungstyp „Mann, Vollerwerb, produzierendes Gewerbe, KMU" ausgerichtet.

Dies wird im zweiten Teil dieses Beitrags mit Beispielen belegt. Dazu werden einige ausgewählte Informationen für und über Gründungen sowie das implizite Gründerbild in Ratgeberbroschüren, Beratungseinrichtungen und Förderprogrammen unter die Lupe genommen. Die dominierende Orientierung der Gründungskultur am „Industriellen Paradigma" wird hier als ein Ergebnis familien-, wirtschafts- und sozialethischer sowie politischer Auffassungen, die ihrerseits aus familiären, schulischen, akademischen und sonstigen bezugsgruppenspezifischen Sozialisationsprozessen resultieren, verstanden.

Von diesen institutionellen Einflüssen werden im dritten Teil die akademische und die schulische Wirtschaftssozialisation fokussiert. Im Mittelpunkt der Betrachtung stehen die mikroökonomische Theorie und das von *Schumpeter* geprägte Unternehmerbild.

Anschließend werden im vierten Teil empirische Grundlagen eines neuen Unternehmerbildes präsentiert. Der Beitrag schließt mit einem Ausblick.

1. Schlaglichter auf Beratungsinstitutionen und Förderprogramme

Die Beratungsinstitutionen und Programme zur Förderung von Unternehmensgründungen sind schwerpunktmäßig an einem Unternehmerbild orientiert, das sich stichwortartig wie folgt kennzeichnen lässt: Mann, Vollerwerb, produzierendes Gewerbe, Mittelstand. Allein die Tatsache, dass in den vergangenen Jahren zunehmend frauenspezifische Beratungsangebote entwickelt worden sind und einzelne Förderprogramme erweiterte Förderkriterien berücksichtigen, unterstreicht die traditionelle Orientierung der Beratungsinstitutionen und Förderprogramme am industriewirtschaftlichen Paradigma des Unternehmertums. Einige Beispiele sollen dies im Folgenden belegen.

1.1. Informationen für und über Gründungen

Welches Unternehmerbild von Beratungs - und Förderinstitutionen schwerpunktmäßig vermittelt wird, sei beispielhaft an ausgewählten Informationen für Zielgruppen und für die interessierte Öffentlichkeit gezeigt. Drei – faktisch durchaus repräsentative – Beispiele mögen genügen: eine Ratgeberbroschüre aus dem Bundeswirtschaftsministerium, eine Darstellung aus der Bundesagentur für Arbeit und eine Information aus der Deutschen Ausgleichsbank.

Die in Deutschland vermutlich bekannteste Ratgeberbroschüre kommt aus dem Bundeswirtschaftsministerium und trägt den Titel „Starthilfe - Der erfolgreiche Weg in die Selbstständigkeit".[1] Auf der Titelseite wird bereits signalisiert, dass Gründer männlich, jung und dynamisch sind. Frauen kommen auf dem Titelbild vor, aber sie werden optisch – im Hintergrund oder sitzend – untergeordnet. Auch inhaltlich – im Textteil der Broschüre – wird schwerpunktmäßig ein Unternehmerbild mit den Merkmalen „Mann, Vollerwerb, produzierendes Gewerbe, KMU" vermittelt.

Das „Unimagazin" 7/2004 aus der Bundesagentur für Arbeit ist der Selbstständigkeit als berufliche Option nach dem Studium gewidmet.

---

1 Vgl. z.B. Bundesministerium für Wirtschaft (Hg.): Starthilfe. Der erfolgreiche Weg in die Selbstständigkeit. 6. Aufl., Bonn, März 1996; Bundesministerium für Wirtschaft und Arbeit (Hg.): Starthilfe. Der erfolgreiche Weg in die Selbstständigkeit. 19. Aufl., Bonn 2003

Auf der Titelseite ist das Gesicht eines jungen Mannes abgebildet; ge-
titelt wird mit der Frage: „Sind Sie ein Gründertyp?". In dem redaktionellen Beitrag im Heft werden fünf Gründerpersonen präsentiert: vier
Gründer und eine Gründerin. Im Vorgriff auf die empirischen Grundlagen eines neuen Unternehmerbildes im vierten Teil sei angemerkt, dass
unternehmerische Selbstständigkeit und Gründungen insgesamt rund
gerechnet zu zwei Dritteln männlich dominiert sind und die zitierten Informationen insofern den empirischen Fakten nahe kommen, aber – so
die These dieses Beitrags – die Darstellungen auch die Wahrnehmung
und das daraus resultierende Geschehen nach dem Muster der sich
selbst erfüllenden Vorhersage beeinflussen könnten.

Über die Arbeitsplatzeffekte von Gründungen sind von der ehemaligen
Deutschen Ausgleichsbank (DtA) Daten bei den geförderten Gründungen erhoben worden. Diese Daten wurden in Geschäftsberichten der
DtA, in Werbeanzeigen in Zeitschriften und in redaktionellen Beiträgen
in verschiedenen Medien einer breiteren Öffentlichkeit bekannt gemacht. Hier sei auf eine solche Anzeige und auf einen Bericht im Focus
verwiesen.

Fast gleichlautend werden in der Anzeige der Deutschen Ausgleichsbank und in dem redaktionellen Bericht die Beschäftigungseffekte durch
Gründungen mit durchschnittlich vier Arbeitsplätzen bei normalen Gründungen und mit einem Vielfachen davon bei High-Tech-Gründungen
angegeben. Obwohl es sich um eine Positivauswahl der von der DtA
geförderten, für bestandsfest gehaltenen Gründungen gehandelt haben
dürfte, heißt es im Focus: „Laut Statistik werden von Existenzgründungen durchschnittlich vier neue Arbeitsplätze pro Firma aufgebaut. Tech-
nologiefirmen kommen – Multiplikatoreffekte noch nicht mitgerechnet –
auf ein Vielfaches".[2]

Auch hier sei bereits vorab ein Hinweis auf neuere belastbare empirische Daten gegeben. Nach Berechnungen der *„Enquête-Kommission
Zukunft der Erwerbsarbeit"* des Nordrhein-Westfälischen Landtags für
ganz Deutschland (Stand 2000) schufen über 70 % aller Neugründun-
gen der letzten Jahre lediglich Arbeitsplätze für den Gründer oder die
Gründerin selbst, manchmal auch für einen mithelfenden Familienangehörigen.

---

2 Sieger, H.: Existenzgründer: Höchste Zeit für Sprösslinge. In: Focus 21/1996, S. 191, dazu Focus 50/1999.

Technologieorientierte Unternehmensgründungen machen nach der selben Quelle – je nach Definition – weniger als 0,5 % oder gar weniger als 0,1 % aller Markteintritte aus. Als Ergebnis wird festgestellt: „Schließt man die klein- und nebengewerblichen Gründungen mit ein, so entfielen auf alle Gründungen maximal drei Arbeitsplätze inklusive der Arbeitsplätze der Betriebsinhaberinnen und -inhaber".[3]

1.2. Implizites Unternehmerbild in Förderprogramme

Die massive Förderung von Unternehmensgründungen seit Mitte der 90er Jahre ist vor allem mit den erwarteten positiven Wirkungen auf die Wirtschaftsstruktur und die gesamtwirtschaftliche Beschäftigung begründet worden. Indikatoren für die Notwendigkeit der Gründungsförderung waren der stetige Rückgang der Zahl der Selbstständigen und die Zunahme der Zahl der Erwerbsarbeitslosen. Beides wurde als Ausdruck einer tief greifenden Struktur- und Wachstumskrise der deutschen Wirtschaft begriffen.

Im Jahr 1995 hat der damalige Bundeskanzler *Helmut Kohl* die Förderung einer „neuen Kultur der Selbstständigkeit" nachdrücklich gefordert und die Schließung der Gründungslücke zur „Schicksalsfrage unseres Landes" – erklärt. Wörtlich heißt es in der häufig zitierten Rede: Wir brauchen „... eine breite Gründerwelle im selbständigen Mittelstand (...). Wir brauchen Unternehmer, die sich etwas zutrauen, die Ideen haben und Arbeitsplätze schaffen. Das erreichen wir nur, wenn wir eine neue Kultur der Selbständigkeit in unserem Land durchsetzen. Für mich ist das eine Schicksalsfrage unseres Landes".[4]

Nicht nur verbale Botschaften, wie die zitierte, vermitteln durch die Formulierungen – zumindest für sensible „Augen und Ohren" – ein spezifisches Unternehmerbild. Vielmehr vermitteln auch die Förderprogramme für Unternehmensgründungen faktisch ein Unternehmerbild, das sich aus den Förderbedingungen ableiten lässt.

Eine genderspezifische Analyse der bundesweiten Programme zur finanziellen Förderung von Unternehmensgründungen durch Kredite, die

---

3 Der Präsident des Landtags Nordrhein-Westfalen (Hg.): Strategien zur Belebung des Arbeitsmarktes, Teil 2. Handlungsempfehlungen. Enquête-Kommission „Zukunft der Erwerbsarbeit". Düsseldorf 2000, S. 69.

4 Kohl, H.: Unsere Gesellschaft braucht ein besseres Klima für Existenzgründer. Rede vor der Jahrestagung 1995 der Landesvereinigung der Arbeitgeberverbände Nordrhein-Westfalen e.V. am 12. Oktober 1995 in Düsseldorf.

von acht Förderinstitutionen bereitgestellt bzw. vermittelt werden, kommt für den Zeitraum von 1990 bis 2001 zu folgenden Ergebnissen: [5]

- Die Mehrzahl der Programme zielt schwerpunktmäßig auf gewerbliche und insgesamt nachrangig auf freiberufliche Gründungen.
- Bei zwei Programmen sind Heilberufe bzw. Beratungsberufe ausgeschlossen.
- Zwei Programme zielen ausschließlich auf das produzierende Gewerbe.
- Drei Programme sind speziell für technologieorientierte Gründungen ausgelegt.
- Spezifische Programme für Dienstleistungen gibt es nicht.
- Viele Programme sind für hohe Investitionssummen ausgelegt.
- Mit Ausnahme eines Programms (DtA-Startgeld) sind alle Förderprogramme auf sogenannte Vollerwerbsgründungen zugeschnitten.
- Lediglich das von der ehemaligen Deutschen Ausgleichsbank (DtA) vermittelte „Startgeld" wird auch gewährt, wenn die Gründung in Teilzeit erfolgt. Eine Voraussetzung für die Gewährung ist allerdings, dass die Vollerwerbsselbstständigkeit angestrebt wird und dies betriebswirtschaftlich realisierbar erscheint.

In der Analyse der Förderprogramme wird abschließend festgestellt: „Unter Genderaspekten sind die Gegebenheiten insgesamt als faktisch diskriminierend für Frauengründungen zu werten". [6]

2. Prägungen durch Wirtschaftstheorie und schulische Wirtschaftssozialisation

Wie kommt das traditionelle industrielle Paradigma in die Köpfe der Gründungsförderer? Hier wird im Folgenden der zu vermutende Einfluss der Wirtschaftstheorie und der schulischen Wirtschaftssozialisation betrachtet. Die Wirtschaftslehre ist neben der Berichterstattung in Mas-

---

5 Bundesministerium für Familie, Senioren, Frauen und Jugend: Genderaspekte in der finanziellen Förderung von Unternehmensgründungen. Eine qualitative und quantitative Analyse der Programme auf Bundesebene – unter besonderer Berücksichtigung der Gründung durch Frauen. Erstellt im Auftrag des Bundesministeriums für Familie, Senioren, Frauen und J gend von Prof. Dr. Michael-Burkhard Piorkowsky, Professur für Haushalts- und Konsumökonomik, Rheinische Friedrich-Wilhelms- Universität Bonn, unter Mitarbeit von Dipl.-Oecotroph. Stefanie Scholl. Berlin, April 2002.

6 Ebenda, S. 44.

senmedien, wie Zeitungen und Fernsehen, und der selteneren Erfahrung aus eigener Anschauung, insbesondere im elterlichen Familienunternehmen, eine der drei bereits früh wirkenden Informationsströme. Von Mitarbeitenden im Bereich der Gründungsförderung ist zu vermuten, dass sie ein Ökonomiestudium oder zumindest eine – daran orientierte – wirtschaftliche Bildung im allgemein bildenden oder im berufsbildenden Schulsystem absolviert haben. Deshalb werden im Folgenden drei Lehrbereiche betrachtet, die in der ökonomischen Bildung maßgeblich zum Verständnis des Unternehmertums beitragen: die mikroökonomische Theorie, das Schumpetersche Verständnis vom Unternehmer und die an beide Theoriestränge anknüpfende schulische Wirtschaftslehre.

2.1. Unternehmen und Haushalte in der ökonomischen Theorie

Eines der einflussreichsten ökonomischen Lehrsysteme am Anfang der modernen Ökonomik bietet ab 1890 Alfred Marshalls Lehrbuch „Principles of Economics".[7] Zur Veranschaulichung des grundlegenden ökonomischen Problems der Allokation der Mittel und dessen Lösung gemäß dem Gesetz vom Ausgleich der Grenznutzen, dem Zweiten Gossenschen Gesetz,[8] einem der Grundpfeiler der neoklassischen ökonomischen Theorie, vergleicht Marshall die Entscheidungssituation in den beiden Grundeinheiten eines marktwirtschaftlichen Systems, den Haushalten und Unternehmen. Er legt dar, dass die Aufgabenstellung im Kern identisch, aber die Problemdimensionen der Haushalte gegenüber den Unternehmen vergleichsweise gering sei. Im Einzelnen führt Marshall Folgendes aus:

„The primitive housewife finding that she has a limited number of hanks of yarn from the year's shearing, considers all the domestic wants for clothing and tries to distribute the yarn between them in such a way as to contribute as much as possible to the family wellbeing. She will think she has failed if, when it is done, she has reason to regret that she did not apply more to making,, say, socks, and less to vests. That would mean that she had miscalculated the points at which to suspend the making of socks and vests respectively; that she had gone too far in the case of vests, and not far enough in that of socks; and that therefore at

---

7 Marshall, A.: Principles of Economics. 8th Edition. London 1920. Reprint 1977 by Prometheus Books. New York 1977.

8 Gossen, H. H.: Entwicklung der Gesetze des menschlichen Verkehrs und der daraus fließenden Regeln für menschliches Handeln. Braunschweig 1854, S. 12.

the points at which she actually did stop, the utility of yarn turned into socks was greater than that of yarn turned into vests. But if, on the other hand, she hit on the right points to stop at, then she made just so many socks and vests that she got an equal amount of good out of the last bundle of yarn that she applied to socks, and the last she applied to vests. This illustrates a general principle, which may be expressed thus: − If a person has a thing which he can put to several uses, he will distribute it among these uses in such a way that it has the same marginal utility in all. For if it had a greater marginal utility in one use than another, he would gain by taking away some of it from the second use and applying it to the first".[9]

„Let us revert to the primitive housewife, who having 'a limited number of hanks of yarn from the year´s shearing, considers all the domestic wants for clothing and tries to distribute the yarn between them in such a way as to contribute as much as possible to the family wellbeing. She will think she has failed if, when it is done, she has reason to regret that she did not apply more to making, say, socks, and less to vests. But if, on the other hand, she hit on the right points to stop at, then she made just so many socks and vests that she got an equal amount of good out of the last bundle of yarn that she applied to socks, and the last she applied to vests.' If it happened that two ways of making a vest were open to her, which were equally satisfactory as regards results, but of which one, while using up a little more yarn, involved a little less trouble than the other; then their problems would be typical of those of the larger business world. They would include the first decisions as to the relative urgency of various ends; secondly, decisions as to the relative advantages of various means of attaining each end; thirdly, decisions, based on these two sets of decisions, as to the margin up to which she could most profitably carry the application of each means towards each end. These three classes of decisions have to be taken on a larger scale by the business man, who has more complex balancings and adjustments to make before reaching each decision"[10].

Diese Kennzeichnung des Problems der Hausfrau gegenüber dem des Unternehmers mag eine zutreffende Beschreibung der Marshall vor Augen stehenden Welt des ausgehenden 19. Jahrhunderts gewesen sein.

---

9 Marshall, A.: A.a.O., S. 117.

10 Ebenda, S. 173.

Auf die heutigen Verhältnisse trifft sie jedenfalls nicht mehr zu. Aber mit der Trivialisierung der Haushaltsproduktion, der Fokussierung auf den Austausch am Markt, der Konzentration auf industrielle Massenproduktion in Großunternehmen und der zunehmenden Mathematisierung der wirtschaftlichen Modellwelt setzte sich – entgegen empirischer Einsichten – zunehmend eine Betrachtung der Haushalte als (kleine) Konsumeinheiten und der Unternehmen als (große) Produktionsbetriebe durch. Beispielhaft sei *Heinrich von Stackelberg*[11] zitiert: „Die Haushaltung, mit der wir es bei der Betrachtung der Marktwirtschaft zu tun haben, ist in gewissem Sinne ein ‚Idealtyp': sie produziert nichts ‚im Haus fürs Haus' und ist auch mit keinem Betrieb zu einer Einheit verbunden. (...) Wir wissen, dass wir mit dieser Betrachtung einen Teil der Wirklichkeit unberücksichtigt lassen (...) Aber da es uns um den Aufbau der Marktwirtschaft geht, ist diese Vereinfachung erlaubt".[12] (...) „Als Typen des modernen Unternehmertums sehen wir die selbständigen Fabrikanten und Kaufleute, die „Industriekapitäne" und – soweit sie selbständig sind – die Direktoren der großen Gesellschaftsunternehmungen oder die Vorsitzenden ihrer Aufsichtsräte".[13]

Die moderne Mikroökonomik entwickelte sich – insbesondere unter dem Einfluss der Marginalisten[14] und mit ehrfurchtsvollem Blick auf die klassische Physik – zu einer axiomatisch-deduktiven Theorie, in der die Funktionsweise von Märkten auf hohem Abstraktionsniveau analysiert wird. Im Zentrum der Analyse stehen Konsumgütermärkte. Der Einfachheit halber werden die beiden Gruppen von Akteuren – Unternehmen und Haushalte, letztere oft auch als Konsumenten bezeichnet – als Produktions- bzw. Nutzenfunktionen modelliert. Im Modell des Wirtschaftskreislaufs bieten Haushalte ihre Arbeitskraft und Ersparnisse an und fragen Marktgüter nach. Unternehmen fragen Arbeitskraft und Kapital nach und bieten Marktgüter an.
Haushalte und Unternehmen werden in der Analyse stets vorausgesetzt, ihre Entstehung und Entwicklung wird nicht thematisiert.
Die Fragestellung der Mikroökonomik ist auf die Bedingungen von Marktgleichgewichten gerichtet, d.h. auf solche Situationen, bei denen sich die Pläne der Marktteilnehmer erfüllen. Damit verstellt die Gleich-

---

11 Stackelberg, H. von: Grundlagen der theoretischen Volkswirtschaftslehre. Berlin, Tübingen 1951, S. 107-108; S. 320.

12 Ebenda, S. 107-108.

13 Ebenda, S. 320.

14 Vgl. z.B. Walras, L.: Mathematische Theorie der Preisbestimmung der Wirtschaftlichen Güter. Stuttgart 1881.

gewichtsanalyse allerdings den Blick auf unternehmerisches Denken und Handeln.[15] Nur ausnahmsweise wird angedeutet, dass Haushalte Eigentümer von Unternehmen sein können,[16] aber in solchen Fällen werden die beiden Teilbereiche – Haushalt bzw. Familie und Unternehmung – nach dem Separationstheorem als gesonderte Wirtschaftseinheiten betrachtet.

In der Standardliteratur werden fast ohne Ausnahme weder die internen Organisationsprobleme von Haushalten und Unternehmen noch die Marktbeziehungen realitätsnah abgebildet und schon gar nicht die komplexen Verhältnisse von haushaltsverbundenen Unternehmen betrachtet. Es kommt deshalb zur Entwicklung der Unternehmenstheorie und Unternehmenslehre außerhalb der Mikroökonomik, zunächst in der Betriebswirtschaftslehre und in der Sozialökonomik. Noch später entwickelt sich – mit Blick auf das Unternehmertum – das Sondergebiet der Gründungsforschung.

2.2. Zum Unternehmerbild bei und nach Schumpeter

Wenn es um das vermeintlich wahre Unternehmertum geht, wird oft auf Joseph Alois Schumpeter verwiesen. Besonders häufig wird die Unternehmerfunktion zitiert, die er als die „Führungsfunktion auf dem Gebiet der Wirtschaft" bezeichnet und als die wichtigste Art der „Veränderung der Daten des Gleichgewichtszustandes" und damit als maßgebliche Kraft für die „wirtschaftliche Entwicklung" betrachtet hat. Diese innovative Unternehmerfunktion beschreibt Schumpeter wie folgt:
„Die Unternehmerfunktion ist nichts anderes als diese Führungsfunktion auf dem Gebiet der Wirtschaft. (...) Im Erkennen und Durchsetzen neuer Möglichkeiten auf wirtschaftlichem Gebiet liegt das Wesen der Unternehmerfunktion.

Diese wirtschaftliche Führerschaft betätigt sich also an Aufgaben, die sich in die folgenden Typen fassen lassen:
1. Die Erzeugung und Durchsetzung neuer Produkte oder neuer Qualitäten von Produkten,
2. Die Einführung neuer Produktionsmethoden,

---

15 Vgl. dazu Heuss, E.: Allgemeine Markttheorie. Tübingen, Zürich 1965, S. 14.

16 Vgl. z.B. Varian, H.: Microeconomic Analysis. Second Edition. New York, London 1984, S. 217.

3. Die Schaffung neuer Organisationen der Industrie (Vertrustung z.B.),
4. Die Erschließung neuer Arbeitsmärkte,
5. Die Erschließung neuer Bezugsquellen.

Immer handelt es sich um die Durchsetzung einer anderen als der bisherigen Verwendung nationaler Produktivkräfte, darum, dass dieselben ihren bisherigen Verwendungen entzogen und neuen Kombinationen dienstbar gemacht werden". [17]

In differenzierten, kontextbezogenen Analysen bietet Schumpeter weitere Typologien des Unternehmertums, die unterschiedliche Interpretationen des Unternehmertums zulassen. Dazu gehört zum einen die Unterscheidung von vier „Typen des modernen Unternehmertums" mit Blick auf aktuellen Ausprägungen der damaligen Zeit:
(a)   den traditionellen Fabrikherrn und den traditionellen Kaufmann,
(b)   den modernen Industriekapitän mit Aktienmehrheit,
(c) den die Unternehmerfunktion ausübenden Direktor und
(d) den Gründer, der durch das permanente „Aufsuchen und Durchsetzen neuer Möglichkeiten" gekennzeichnet ist. [18]

Zum anderen unterscheidet Schumpeter neben dem innovativen Unternehmer, der die Unternehmerfunktion im Sinne der oben zitierten Liste (1-5) erfüllt, den das ererbte Unternehmen verwaltenden Unternehmer und den nachahmenden Unternehmer. [19] Die Rolle, die Schumpeter dem innovativen, dynamischen Unternehmer für die gesamtwirtschaftliche Entwicklung zuschreibt, hat der Interpretation, nur der Innovator sei der wahre Unternehmer, Vorschub geleistet. [20] Allerdings ist diese Interpretation nicht unbestritten. Vielmehr wird z.B. bereits die Funktion der Faktorallokation zum Zweck der Produktion für den Markt als hinreichendes Merkmal für Unternehmertum gewertet[21] und außerdem darauf hinge-

17 Schumpeter, J. A.: Unternehmer. In: Elster, L.; Weber, A.; Wieser, F. (Hg.): Handwörterbuch der Staatswissenschaften. Vierte, gänzlich umgearb. Aufl., Achter Bd., Jena 1928, S. 482-483, Sperrung im Original beseitigt.

18 Ebenda, S. 483-485.

19 Schumpeter, J. A.: Kapitalismus, Sozialismus und Demokratie. Einleitung von Edgar Salin. Zweite, erw. Aufl., München 1950, S. 213-230.

20 Vgl. z.B. Ripsas, S.: Entrepreneurship als ökonomischer Prozeß. Perspektiven zur Förderung unternehmerischen Handelns. Mit einem Geleitwort von Prof. Dr. Dietrich Winterhager. Wiesbaden 1997.

21 Vgl. Gutenberg, E.: Grundlagen der Betriebswirtschaftslehre. Erster Band. Die Produktion. Berlin, Heidelberg, New York 1969, S. 5-6.

wiesen, dass empirisch nicht mit permanentem Innovationsverhalten gerechnet werden kann.[22]

Weitgehend unberücksichtigt in der Diskussion um den Unternehmerbegriff von und nach Schumpeter bleibt auch der von Schumpeter verschiedentlich angesprochene normale historische Wandel der Unternehmung. Kaum zitiert wird der folgende, hier – im Vorgriff auf den vierten Teil – hervorgehobene Hinweis von Schumpeter: „Die Unternehmung verändert sich im historischen Ablauf so sehr, dass uns bei seiner Betrachtung ein äußeres Merkmal der Unternehmung unserer Zeit nach dem anderen entgleitet und der auf die Fülle der empirischen Erscheinungen gerichtete Blick recht bald keine ihm vertrauten Züge mehr erkennt".[23]

2.3. Zum Unternehmertum in der schulischen Wirtschaftssozialisation

Der Lernbereich Wirtschaft in allgemein bildenden Schulen gilt seit Jahren als defizitär. Insbesondere die Wirtschaftsverbände fordern deshalb eine Verstärkung entsprechender Inhalte in einem eigenen Fach oder in einem Fächerverbund, der sich dem Lernfeld Wirtschaft widmet. Das gegenwärtige Angebot an entsprechenden Inhalten sowie erneuerte Grundlagen einer ökonomischen Bildung an allgemein bildenden Schulen entspricht im Großen und Ganzen einem mathematisch reduzierten und „verkleinerten" Grundstudium der Betriebs- und Volkswirtschaftslehre. Die modelltheoretischen Verengungen des Blicks auf die Wirtschaft im Allgemeinen und das Unternehmertum im Besonderen finden sich folglich in der schulischen Wirtschaftssozialisation wieder.[24]
Die Befassung mit Unternehmertum in der Schule erfolgt vielfach im Rahmen von Praxisprojekten, z.B. Schülerfirmen, oft auch in Kooperation mit Unternehmen, z.B. durch Fachvorträge und in Planspielen, sowie auf der Grundlage von speziellen Lehr-Lern-Materialien und Schulbüchern. Bei der Analyse der Berichte über Praxisprojekte drängt sich der Eindruck auf, dass entgegen dem ausdrücklichen Anspruch, unter-

22 Brosziewski, A.: Unternehmerisches Handeln in moderner Gesellschaft. Persönliches Risiko aus wissenssoziologischer Sicht. Diss. St. Gallen. 1996, S. 66.

23 Schumpeter, J. A.: Unternehmer. A.a.O., S. 477-478

24 Vgl. dazu Piorkowsky, M.-B.: Wirtschaftliche Allgemeinbildung in den Schulen. In: Bildungs- und Erziehungskatastrophe? Was unsere Kinder lernen sollten. Hg. von Dieter Korczak. Wiesbaden 2003, S. 76-87.

nehmerisches Denken zu vermitteln, sehr viel stärker die generelle Vorbereitung auf die Arbeitswelt, insbesondere in Großorganisationen, gefördert werden soll.[25] Das mag damit zusammenhängen, dass zum einen „Unternehmertum" auch von Mitarbeitenden gefordert wird („Intrapreneurship") und zum anderen vorzugsweise Großunternehmen und Wirtschaftsverbände in diesem Bereich engagiert sind.

Aber auch ein Blick in vermeintlich „anbieterneutrale" Medien für den Unterricht zeigt eine schwerpunktmäßige Orientierung der Vermittlung von Unternehmertum an dem eingangs skizzierten und in mehreren Zusammenhängen als dominierend nachgewiesen Typ: „Mann, Vollerwerb, produzierendes Gewerbe, KMU". Zwei Beispiele seien im Folgenden näher dargestellt.

Das knapp fünfzig Seiten umfassende Arbeitsheft für die Sekundarstufe I (Klassenstufen 7 bis 10) „Wie funktioniert die Wirtschaft? Die Idee der unternehmerischen Selbstständigkeit"[26] zeigt – wie die eingangs kritisierten Broschüren – auf dem Deckblatt einen Unternehmer und beginnt – wie nahezu alle ökonomischen Einführungstexte – mit der Darstellung des Wirtschaftskreislaufs zwischen Haushalten, Unternehmen und Staat. In der typischen Verkürzung werden Haushalte als Konsumenten und Unternehmen als Produzenten sowie der Staat als Umverteilungsbetrieb dargestellt. Anschließend werden das Wirtschafts- und Sozialsystem Deutschlands sowie „Rheinland-Pfalz – Land des wirtschaftlichen Mittelstands" beschrieben. Geboten werden u.a. operationale Definitionen für Klein-, Mittel- und Großunternehmen sowie der Hinweis, dass nach der Mittelstands-Abgrenzung des Instituts für Mittelstandsforschung Bonn (Unternehmen mit bis zu 500 Beschäftigten oder einem Umsatz von maximal 100 Mio. DM) 1997 fast 99 % aller Unternehmen in Rheinland-Pfalz dem Mittelstand zuzurechnen sind. Mitgeteilt wird auch, dass 1997 mehr als 80 % aller sozialversicherungspflichtigen Arbeitnehmer in mittelständischen Unternehmen beschäftigt waren. Aber es findet sich keine Angabe über die Verteilung

---

25 Vgl. dazu den Überblick bei Kaminski, H.: Praxiskontakte – Zusammenarbeit zwischen Schule und Wirtschaft. Braun-schweig 2005; aus der Praxis der Boston Consulting Group berichtet Ratibor, J. von: Die erforderliche Bildungsqualifikati on der Moderne. In: Bildungs- und Erziehungskatastrophe? Was unsere Kinder lernen sollten. Hg. von Dieter Korczak. Wiesbaden 2003, S. 61-75.

26 Ministerium für Wirtschaft, Verkehr, Landwirtschaft und Weinbau Rheinland-Pfalz (Hg.): Wie funktioniert die Wirtschaft? Die Idee der unternehmerischen Selbstständigkeit. Arbeitsheft für Schülerinnen und Schüler der Sekundarstufe I. Mainz, Dezember 2000.

der Betriebsgrößen nach Beschäftigtengrößenklassen. Immerhin werden die Freien Berufe grundsätzlich gewürdigt, aber ebenfalls vor allem mit Blick auf die Gesamtbeschäftigung quantifiziert. Die weiteren Hauptteile sind dem Unternehmertum, dem Unternehmer sein und dem Unternehmer werden gewidmet. Angesprochen werden die in der Lehrbuch- und Ratgeberliteratur zu findenden Themen, wie Fähigkeiten, Motive und Interessen, aber auch Verantwortung, u.a. für die Familie, sowie die Freude (im Original: „Spaß") am Unternehmerdasein. Das Arbeitsheft schließt mit einem Überblick über Fragen und Antworten zur Erstellung eines Businessplans, darunter in besonderer Ausführlichkeit zur Wahl der Rechtsform, und einem Glossar mit ausgewählten Fachbegriffen.

In dem über 550 Seiten starken Schulbuch „oec. Ökonomie. Grundlagen wirtschaftlichen Handelns" [27] für die Sekundarstufe II wird – mikroökonomisch korrekt – vom Knappheit empfindenden Individuum ausgegangen, um von der Nachfrage der Konsumenten zum Angebot der Unternehmen am Markt zu gelangen. In den folgenden Kapiteln werden die Wirtschaftsordnung, die Privathaushalte, die Unternehmen, der Staat und schließlich internationale Wirtschaftsbeziehungen behandelt. Im Kapitel „Unternehmen" werden die Frage „Warum es Unternehmen und Unternehmer gibt" und „Die Gründung eines Unternehmens" erörtert.[28] Die Gründung eines Unternehmens wird nach dem Muster der Erarbeitung eines Gründungskonzepts als Vorstufe für die Erstellung eines Businessplans thematisiert. Auf die Frage, warum es Unternehmen und Unternehmer gibt, werden zwei Erklärungsansätze geboten: die Schumpetersche Unternehmerfunktion und die Transaktionskostentheorie von *Ronald Coase*. Doch beide Erklärungen greifen zu kurz.

Zum einen wird dargelegt, aber nicht kommentiert, dass Schumpeter seine Unternehmerkonzeption als das zentrale Erklärungsmoment seiner „Theorie der wirtschaftlichen Entwicklung" und insbesondere der Entwicklung der kapitalistischen Wirtschaft geschaffen hat[29]; ungenannt bleibt auch die von Schumpeter an anderer Stelle angesprochene einzelwirtschaftliche Funktion des Unternehmertums für die eigene Versor-

---

27 Eggert, K.; Frintorp-Bechthold, D.; Kaminski, K.; Koch, M.: oec. Ökonomie. Grundlagen wirtschaftlichen Handelns. Hg. von
   Prof. Dr. Dr. h.c. Hans Kaminski. Braunschweig 2005.

28 Ebenda, S. 230-235.

29 Schumpeter, J. A.: Theorie der wirtschaftlichen Entwicklung. 5. Aufl., Berlin 1952; vgl. dazu Heuss. E.: A.a.O., S. 9.

gung mit Arbeit und Einkommen.[30] Zum anderen bleibt offen, dass nur der Titel des Aufsatzes von Coase suggeriert, die Herkunft und Existenz von Unternehmen zu erklären, aber tatsächlich eine Erklärung für vertikale Unternehmensintegration (Eingliederung von Produktionsstufen) bzw. Desintegration (Outsourcing) und damit für Größenvariationen von Unternehmen nach Maßgabe der Produktions- und Transaktionskosten geboten wird.[31] Tatsächlich äußert sich Coase nicht dazu, wo Unternehmen herkommen; sie werden als bereits vorhanden und gegenüber Privathaushalten als vergleichsweise groß und komplex gedacht.

3. Empirische Grundlagen eines neuen Unternehmerbildes

Das traditionelle Unternehmerbild ist insbesondere auch durch eine starre Abgrenzung zwischen Haushalten und Unternehmen und die Betonung unterschiedlicher Rollen als Produzenten und Konsumenten sowie die bekannte gender-spezifische Rollenzuweisung geprägt. Dass dieses Unternehmerbild nicht den aktuellen Gegebenheiten entspricht, lässt sich mit Bezug auf neuere empirische Erkenntnisse der Gründungsforschung und der Haushaltsforschung zeigen. Im Folgenden werden Indikatoren und Erklärungsansätze für Neue Kulturen der unternehmerischen Selbstständigkeit und einer Neuen Hauswirtschaft präsentiert, die Grundlagen eines neuen Unternehmerbildes liefern.

3.1. Neue Kulturen unternehmerischer Selbstständigkeit

Wenn die verschiedenen Befunde der empirischen Gründungsforschung zusammengeführt und kritisch gewürdigt werden, lässt sich zunächst einmal seit Anfang der 90er Jahre des vergangenen Jahrhunderts eine erhebliche Zunahme der Selbstständigen und damit nach betriebswirtschaftlichem Verständnis auch der Unternehmen feststellen. Die Politik der Förderung hat also gegriffen. Es ist aber auch eine Ausdifferenzierung im Hinblick auf typ-prägende Merkmale, wie sie u.a. die

---

30 Schumpeter, J. A.: Unternehmer. A.a.O., S. 479-480.

31 Coase, R. H.: The Nature of the Firm. In: Economica, Vol. 4, 1937, pp. 386-405; vgl. dazu Williamson, O.: Markets and Hierarchies: Analysis and Antitrust Implications. A Study in the Economics of Internal Organization. New York, London 1983, p. 4.

Reformkommission Soziale Marktwirtschaft einmal aufgelistet hat, zu erkennen. Zu diesen Merkmalen der neuen Kultur der Selbstständigkeit gehören „Werte, Normen, Ansichten und Meinungen, Stile des Erkennens und des Wissens, die den Schritt in die Selbstständigkeit erleichtern".[32] Mit Blick auf solche mentalen Gesichtspunkte, aber auch auf ökonomische, soziale und demographische Merkmale wird hier im Plural von „Neuen Kulturen der Selbstständigkeit" gesprochen.

Im Folgenden werden zunächst diese neuen Formen der Selbstständigkeit kurz angesprochen und anschließend Erklärungen für deren Entwicklung angeboten. Vier kulturelle Muster lassen sich in Statistiken und Analysen über – wie es in den meisten Kommentierungen heißt – „neue" Selbstständigkeit finden, die hier hervorzuheben sind: (1) Teilzeitgründungen und dauerhafte Teilzeitselbstständigkeit, (2) Gründerinnen und erwerbswirtschaftlich selbstständige Frauen, (3) Gründungen aus der Arbeitslosigkeit und 4) Mini-Gründungen und dauerhafte Selbstständigkeit mit Mini-Unternehmen.[33] Insgesamt zeigt sich, dass die ganz überwiegende Mehrheit der Gründungen klein startet, und auch der Bestand der Selbstständigen ist durch mehrheitlich kleine Betriebsgrößen gekennzeichnet. Im Mikrozensus geben über 50 % der Selbstständigen an, ohne weitere Beschäftigte tätig zu sein; bei den Gründerpersonen sind es rund 90 %, die meist allein, gelegentlich aber auch im Team und nicht selten von mithelfenden Familienangehörigen unterstützt in die Selbstständigkeit starten. Der Anteil der Teilzeitselbstständigen – neben einer abhängigen Beschäftigung (Nebenerwerb) oder neben einer nicht auf Erwerb gerichteten Hauptaktivität, wie Haushaltsführung oder Studium, (Zuerwerb) – beträgt gut 20 % der Selbstständigen. Viele Gründungen werden ohne

---

32 Bertelsmann Stiftung, Heinz Nixdorf Stiftung, Ludwig-Erhard-Stiftung: Die Renaissance der Selbstständigkeit. Pioneer Square Deutschland. Manuskript. 20.08.1999, S. 30.

33 Vgl. dazu Piorkowsky, M.-B.: Die Evolution von Unternehmen im Haushalts- und Familienkontext. Grundgedanken zu einer Theorie sozioökonomischer Hybridsysteme. In: Zeitschrift für Betriebswirtschaft, Ergänzungsheft 5/2002, S. 1-19; Betzelt, S.; Fachinger, U.: Jenseits des „Normalunternehmers": Selbstständige Erwerbsformen und ihre soziale Absicherung. In: Zeitschrift für Sozialreform, 50. Jg., 2004, H. 3, S. 312-343; Schulze Buschoff, K.: Neue Selbstständigkeit und wachsender Grenzbereich zwischen selbständiger und abhängiger Erwerbsarbeit. Europäische Trends vor dem Hintergrund sozialpolitischer und arbeitsrechtlicher Entwicklungen. WZB Discussion Paper SP I 2004-108; Fleißig, S.; Piorkowsky, M.-B.: Existenzgründungen im Kontext der Arbeits- und Lebensverhältnisse in Deutschland. Eine Strukturanalyse von Mikrozensuser gebnissen für die Jahre 1985 bis 2001. Methodische Grundlagen, ausgewählte Ergebnisse und Perspektiven. In: Achleit ner, A.-K., u.a. (Hg.) Jahrbuch Entrepreneurship 2004/05. Gründungsforschung und Gründungsmanagement. Berlin, Heidelberg 2005, S. 41-60.

anspruchsvolle Wachstumsabsichten begonnen, manche wachsen dennoch; andere wollen „hoch hinaus" und geben die Wachstumsziele auf. Die Zuwachsraten bei den selbstständigen Frauen liegen erheblich über denen der Männer. Die Selbstständigkeit im Zuerwerb ist eine Domäne der Frauen, weil Haushaltsführung und selbstständige Erwerbstätigkeit oft vergleichsweise gut kombiniert werden können. Gründungen aus der Arbeitslosigkeit werden zunehmend gefördert und als Ausweg aus der Erwerbslosigkeit realisiert.

Für die Erklärung des aktuellen Wandels im Gründungsgeschehen lassen sich eine Reihe von Argumenten und Daten heranziehen. Um es zunächst mit einem Satz zu sagen: Es ist der gesellschaftliche Strukturwandel mit seinen Auswirkungen in den verschiedenen Lebensbereichen. Im Einzelnen sind folgende Veränderungen für den Wandel im Gründungsgeschehen maßgeblich:[34]

- das Entstehen von Produktions- und Dienstleistungsnischen, die von Großbetrieben hinterlassen und von kleinen Betrieben erfolgreich ausgefüllt werden können;
- die Ausdifferenzierung der Massenbedürfnisse und der Kaufkraft;
- die Verringerung kostenminimaler Betriebsgrößen durch Miniaturisierung von Produktionsanlagen;
- Outsourcing von Unternehmensleistungen und Zukauf durch Subcontracting;
- der Wandel des Sozialstaats vom Wohlfahrtsstaat zum Gewährleistungsstaat und die Privatisierung öffentlicher Leistungen;
- die Deregulierung von Märkten, z.B. durch Einschränkung des Meisterzwangs;
- die Zunahme der Erwerbsneigung von Frauen, aber ein Mangel an passenden Arbeitsplätzen;
- die Zunahme der Bildung und Qualifizierung für Freie Berufe, z.B. in den Bereichen Wirtschaftsberatung, aber auch Musiktherapie;
- der Einstellungswandel im Zeichen der Individualisierung und die Zunahme der Präferenzen für selbstorganisierte Erwerbstätigkeit;

---

34 Vgl. Meager, N.: Self Employment and Labour Market Policy in the European Community. WZB Discussion Paper FS I 93-201; Storey, D. J.: Understanding the Small Business Sector. London, New York 1994.

- eine gefühlte hohe Steuerlast und die Hoffnung auf eine legale Verkürzung der Steuerzahlung bei selbstständiger Erwerbstätigkeit;
- die Zunahme der Erwerbsarbeitslosigkeit;
- die Einschränkung öffentlicher Sozialleistungen;
- die Förderung der Existenzgründung durch eine Vielzahl von Maßnahmen in vielen Bereichen, z.b. durch Darlehen, Wettbewerbe, Bildung, Lehrstühle;
- die Transformation der Wirtschaft in den neuen Bundesländern von einer sozialistischen Planwirtschaft in eine Marktwirtschaft mit der Folge einer nachholenden Gründungsaktivität in Ostdeutschland.

3.2. Neue Hauswirtschaft als Faktor und Resultat gesellschaftlicher Modernisierung

Wenn der herkömmliche modelltheoretische Rahmen der Haushaltsbetrachtung um neuere Ansätze der Theorie erweitert und mit Ergebnissen empirischer Analysen des Haushaltsgeschehens ausgefüllt wird, zeigt sich ein neues Bild der Privathaushalte:[35]

Von den Individuen sind in ihren primären Kontexten – zunächst innerhalb der Herkunftsfamilie sowie beim Übergang in einen eigenen Haushalt – zahlreiche ökonomisch äußerst bedeutsame Entscheidungen zu treffen, die den Charakter unternehmerischer Entscheidungen im Sinne von Investitionsentscheidungen in Bezug auf die Bildung und Nutzung von Human-, Finanz- und Sachvermögen haben. Dazu gehören insbesondere die Entscheidungen über den Ausbildungsweg, den Beruf, die Familiengründung, die Wohneigentumsbildung, die Alterssicherung und die Erwerbstätigkeit sowie die korrespondierenden Entscheidungen über die Konsumausgaben und die Freizeitverwendung. Weitere Entscheidungen betreffen die Mitwirkung in sozialen Organisationen, das bürgerschaftliche Engagement und die Partizipation in politischen Prozessen, also die Beteiligung an der Bereitstellung kollektiver Güter.

---

35 Vgl. Ekins, P.; Max-Neef, M. (Eds.): Real-Life economics. Understanding wealth creation. London, New York 1992; Becker, G. S.: Ökonomische Erklärung menschlichen Verhaltens. 2. Aufl., Tübingen 1993; Piorkowsky, M.-B.: Neue Hauswirtschaft für die postmoderne Gesellschaft. Zum Wandel der Ökonomie des Alltags. In: Aus Politik und Zeitgeschichte. Beilage zur Wochenzeitung Das Parlament, 24. Februar 2003, B 9/2003, S. 7-13.

Mit der individuellen Lebensgestaltung werden zugleich Meso- und Makrostrukturen von Wirtschaft und Gesellschaft mitgestaltet. In aggregierter Betrachtung zeigt sich u.a. Folgendes[36]: In der Verwendungsrechnung des Sozialprodukts, in der – im Gegensatz zur Entstehungsrechnung – die Aktivitäten der Haushalte verbucht werden, entfallen knapp 60 % auf den Privaten Verbrauch, also auf solche Güter, die von den Haushalten selbst bezahlt werden. Die Ausgaben für langlebige Konsumgüter einschließlich Immobilien sowie die Ersparnisse bzw. Finanzanlagen führen zu einem entsprechenden Vermögen, das für den Haushaltssektor insgesamt auf bis zu rund 7,7 Bio. Euro geschätzt wird; davon entfallen rund 50 % auf Immobilien, 40 % auf Geldvermögen und 10 % auf Gebrauchsvermögen.

Die meisten Unternehmensgründungen finden nicht als Publikumsgesellschaften an der Börse, sondern als Kleinunternehmen im Haushalts- und Familienkontext statt. Bezüglich der Unternehmensgründungen durch Privathaushalte kann davon ausgegangen werden, dass die jährlich etwa 400.000 Übergänge in selbstständige Erwerbstätigkeit in etwa 50 % der Fälle als Einpersonenunternehmen, also ohne weitere Beschäftigte, vollzogen werden; in gut 40 % der Fälle mit weniger als 5 Mitarbeitenden und in knapp 10 % der Fälle mit 5 und mehr Mitarbeitenden.

Gemessen an der Zahl der Unternehmen sind Privathaushalte bzw. Haushaltsmitglieder die mit Abstand größte Gruppe der Eigentümer von Unternehmen. Neben den etwa 200.000 körperschaftlich verfassten Großunternehmen gab es nach Ergebnissen des Mikrozensus 2000 rund 4 Mio. Selbstständige, von denen die Hälfte ohne Beschäftigte arbeitet. Überwiegend handelt es sich dabei um Miniunternehmen, die mit den privaten Haushalten der Unternehmer bzw. Unternehmerinnen eine sozioökonomische Einheit, also einen Haushalts-Unternehmens-Komplex, bilden und deshalb nicht losgelöst von den Hauswirtschaften betrachtet werden können.

Von der gesamten gesellschaftlichen Arbeitszeit entfallen nach Berechnungen des Statistischen Bundesamtes gut 60 % auf Haushaltsarbeit und knapp 40 % auf Erwerbsarbeit. Der Zeitinput für Haushaltsarbeit er-

---

36 Piorkowsky, M.-B.: Gesellschaftliche Produktionsfunktion der Privathaushalte. In: Hartard, S., Stahmer, C. u.a.: Analyse von Lebenszyklen. Ergebnisse des 4. und 5. Weimarer Kolloquiums. Hg. vom Statistischen Bundesamt. Wiesbaden 2004, S. 101-118.

gibt – multipliziert mit dem durchschnittlichen Nettostundenlohn für Hauswirtschafterinnen 1992 – etwa 560 Mrd. Euro; dieser Betrag liegt nur geringfügig unter der Summe der Bruttolöhne und -gehälter in der Westdeutschen Industrie im selben Jahr. In einer Modellrechnung der Familienberichtskommission der Bundesregierung für den Fünften Familienbericht 1994 wird der Beitrag der Familien zur Humanvermögensbildung für das Erwerbspersonenpotenzial in der früheren Bundesrepublik 1990 mit rund 7,7 Bio. Euro beziffert. Dem gegenüber belief sich der Wert des reproduzierbaren Sachvermögens im Jahr 1990 zu Wiederbeschaffungspreisen auf rund 3,6 Bio. Euro.

Aus einer nicht der mikroökonomischen Modelltradition folgenden Sicht und aus empirischen Belegen ergibt sich somit, dass die Differenzierung zwischen produzierenden Unternehmen und konsumierenden Haushalten nicht der Realität entspricht. Hier wird sogar der Standpunkt vertreten, dass sich die Haushalte von abgeleiteten Betrieben lediglich mit Vorleistungen für ihren Haushaltsprozess versorgen sowie die Endkombination in einem arteigenen Haushaltsproduktionsprozess vornehmen und den Konsum organisieren, um Humanvermögen und Lebenszufrieden

4. Ausblick

Ganz normale Unternehmensgründungen, d.h. die Vorbereitung und Durchführung von Maßnahmen, die auf eine erwerbswirtschaftliche Selbstständigkeit gerichtet sind, finden ganz überwiegend zu Hause statt: Die Diskussion der Unternehmensidee mit dem Partner oder der Partnerin, das Studium von Ratgeber-Literatur, die weitere Abklärung der Unternehmensidee mit Freunden und Bekannten bis zur Ausarbeitung des Businessplans – das alles geschieht meistens in den eigenen vier Wänden. Genutzt werden zunächst fast ausschließlich die Ressourcen des Haushalts: die Zeit der Gründerperson, die private Kommunikationstechnik, der eigene Pkw, das eigene Geld.

Nach der Gründung entsteht eine neue, emergente sozioökonomische Einheit, in der sich die Strukturen und Funktionen von Haushalt und Unternehmung mischen. Typisch für einen „Haushalts-Unternehmens-

Komplex" ist das verschärfte Allokationsproblem. Die Teilsysteme Haushalt, Familie und Unternehmen konkurrieren um die Ressourcen. Es geht u.a. um die Verteilung der Zeit auf Arbeit im Unternehmen und Arbeit im Haushalt sowie auf Arbeit und Freizeit, um die Verteilung der finanziellen Mittel auf Konsum und Investition im Haushalt bzw. im Unternehmen; und es geht um eine Balance zwischen ökonomischer und sozialer Rationalität.

Ebenso wie die Entscheidungen zur Existenzgründung und unternehmerischen Selbstständigkeit, treffen die Haushalte bzw. die Haushaltsmitglieder – mehr oder weniger regelmäßig und mehr oder weniger informiert – Entscheidungen über die Aktivierung, Verteilung, Generierung und Bestandspflege aller ihrer Ressourcen für die individuelle Bedarfsdeckung und Bedürfnisbefriedigung und die organisatorische Form der Lebensgestaltung: Sie entscheiden insbesondere über eigenständige Haushaltsführung und Haushaltsgründung, Arbeitsangebot und Freizeitverwendung, Konsumgüternachfrage und Vermögensbildung, Partnerwahl und Nachwuchs. Es ist also gar nicht abwegig, bestimmte Haushaltsaktivitäten wie Unternehmensaktivitäten zu betrachten; und manche Ökonomen tun dies auch.

Wenn in der schulischen und akademischen Wirtschaftssozialisation die Privathaushalte als die Basiseinheiten von Wirtschaft und Gesellschaft modelltheoretisch angemessen betrachtet würden und die Entrepreneurship-Ausbildung hier empirisch fundiert anknüpfen könnte, ließen sich nicht nur ein realitätsnahes Unternehmer- und Unternehmerinnenbild vermitteln sondern vermutlich auch die Gründungsneigung und die Kompetenzen zur Entwicklung von Unternehmen leichter fördern, als wenn Unternehmertum und Unternehmensgründungen mystifiziert werden. Auf die bedauerliche Vernachlässigung der Analogie von Haushaltsführung und Unternehmensführung hat bereits früh Alexander *Cairncross* hingewiesen.[37] Seine scharfsinnige und bisweilen „bissige" Analyse hat nichts an Aktualität verloren.

---

37 Cairncross, A. K.: Economic Schizophrenia. In: Scottish Journal of Political Economy, February 1958, pp. 15-21.

Literatur

Becker, G. S.: Ökonomische Erklärung menschlichen Verhaltens. 2. Aufl., Tübingen 1993.

Bertelsmann Stiftung/Heinz Nixdorf Stiftung/Ludwig-Erhard-Stiftung: Die Renaissance der Selbstständigkeit. Pioneer Square Deutschland. Manuskript, 20.08.1999.

Betzelt, S./**Fachinger,** U.:Jenseits des „Normalunternehmers": Selbständige Erwerbsformen und ihre soziale Absicherung. In: Zeitschrift für Sozialreform, 50. Jg., 2004, H. 3, S. 312-343.

Brosziewski, A.: Unternehmerisches Handeln in moderner Gesellschaft. Persönliches Risiko aus wissenssoziologischer Sicht. Diss. St. Gallen. 1996.

Bundesministerium für Familie, Senioren, Frauen und Jugend (Hg.): Existenzgründungsprozesse im Zu- und Nebenerwerb von Frauen und Männern. Eine empirische Analyse der Bedingungen und Verläufe bei Gründungs- und Entwicklungsprozessen von Unternehmen unter besonderer Berücksichtigung genderspezifischer Aspekte. Erstellt im Auftrag des Bundesministeriums für Familie, Senioren, Frauen und Jugend von Prof. Dr. Michael-Burkhard Piorkowsky, Professur für Haushalts- und Konsumökonomik, Rheinische Friedrich-Wilhelms-Universität Bonn, unter Mitarbeit von Dipl.-Oecotroph. Thomas Stamm. Berlin 2002.

Bundesministerium für Familie, Senioren, Frauen und Jugend (Hg.): Genderaspekte in der finanziellen Förderung von Unternehmensgründungen. Eine qualitative und quantitative Analyse der Programme auf Bundesebene – unter besonderer Berücksichtigung der Gründung durch Frauen. Erstellt im Auftrag des Bundesministeriums für Familie, Senioren, Frauen und Jugend von Prof. Dr. Michael-Burkhard Piorkowsky, Professur für Haushalts- und Konsumökonomik, Rheinische Friedrich-Wilhelms-Universität Bonn, unter Mitarbeit von Dipl.-Oecotroph. Stefanie Scholl. Berlin, April 2002.

Bundesministerium für Wirtschaft (Hg.): Starthilfe. Der erfolgreiche Weg in die Selbstständigkeit. 6. Aufl., Bonn, März 1996.

Bundesministerium für Wirtschaft und Arbeit (Hg.): Starthilfe. Der erfolgreiche Weg in die Selbstständigkeit. 19. Aufl., Bonn 2003.

Cairncross, A. K.: Economic Schizophrenia. In: Scottish Journal of Political Economy, February 1958, pp. 15-21.

Coase, R. H.: The Nature of the Firm. In: Economica, Vol. 4, 1937, pp. 386-405.

Der Präsident des Landtags Nordrhein-Westfalen (Hg.): Strategien zur Belebung des Arbeitsmarktes, Teil 2, Handlungsempfehlungen. Enquête-Kommission „Zukunft der Erwerbsarbeit". Düsseldorf 2000.

Eggert, K./**Frintorp-Bechthold**, D./**Kaminski**, K./**Koch**, M.: oec. Ökonomie. Grundlagen wirtschaftlichen Handelns. Hg. von Prof. Dr. Dr. h.c. Hans Kaminski. Braunschweig 2005.

Ekins, P./**Max-Neef**, M. (Eds.): Real-Life economics. Understanding wealth creation. London, New York 1992.

Fleißig, S./**Piorkowsky**, M.-B.: Existenzgründungen im Kontext der Arbeits- und Lebensverhältnisse in Deutschland – Eine Strukturanalyse von Mikrozensusergebnissen für die Jahre 1985 bis 2001. Methodische Grundlagen, ausgewählte Ergebnisse und Perspektiven. In: Achleitner, A.-K., u.a. (Hg.): Jahrbuch Entrepreneurship 2004/05. Gründungsforschung und Gründungsmanagement. Berlin, Heidelberg 2005, S. 41-60.

Gossen, H. H.: Entwicklung der Gesetze des menschlichen Verkehrs und der daraus fließenden Regeln für menschliches Handeln. Braunschweig 1854.

Gutenberg, E.: Grundlagen der Betriebswirtschaftslehre. Erster Band. Die Produktion. Berlin. Heidelberg, New York 1969.

Heuss, E.: Allgemeine Markttheorie. Tübingen, Zürich 1965.

Kaminski, H.: Praxiskontakte – Zusammenarbeit zwischen Schule und Wirtschaft. Braunschweig 2005.

Kohl, H.: Unsere Gesellschaft braucht ein besseres Klima für Existenzgründer. Rede vor der Jahrestagung 1995 der Landesvereinigung der Arbeitgeberverbände Nordrhein-Westfalen e.V. am 12. Oktober 1995 in Düsseldorf. In: Presse- und Informationsamt der Bundesregierung. Bulletin, Nr. 89 / S. 868, Bonn, 2. November 1995.

Marshall, A.: Principles of Economics. 8th Edition. London 1920. Reprint 1977 by Prometheus Books. New York 1977.

Meager, N.: Self Employment and Labour Market Policy in the European Community. WZB Discussion Paper FS I 93-201.

Ministerium für Wirtschaft, Verkehr, Landwirtschaft und Weinbau Rheinland-Pfalz (Hg.): Wie funktioniert die Wirtschaft? Die Idee der unternehmerischen Selbstständigkeit. Arbeitsheft für Schülerinnen und Schüler der Sekundarstufe I. Mainz, Dezember 2000.

Piorkowsky, M.-B.: Die Evolution von Unternehmen im Haushalts- und Familienkontext. Grundgedanken zu einer Theorie sozioökonomischer Hybridsysteme. In: Zeitschrift für Betriebswirtschaft, Ergänzungsheft 5/2002, S. 1-19.

Piorkowsky, M.-B.: Neue Hauswirtschaft für die postmoderne Gesellschaft. Zum Wandel der Ökonomie des Alltags. In: Aus Politik und Zeitgeschichte. Beilage zur Wochenzeitung Das Parlament, 24. Februar 2003, B 9/2003, S. 7-13.

Piorkowsky, M.-B.: Wirtschaftliche Allgemeinbildung in den Schulen. In: Bildungs- und Erziehungskatastrophe? Was unsere Kinder lernen sollten. Hg. von Dieter Korczak. Wiesbaden 2003, S. 76-87.

Piorkowsky, M.-B.: Gesellschaftliche Produktionsfunktion der Privathaushalte. In: Hartard, S., Stahmer, C. u.a.: Analyse von Lebenszyklen. Ergebnisse des 4. und 5. Weimarer Kolloquiums. Hg. vom Statistischen Bundesamt. Wiesbaden 2004, S. 101-118.

Piorkowsky, M.-B.: Unternehmensgründungen im Zu- und Nebenerwerb: Motive, Wachstumsziele und gefühlte Restriktionen. In: Achleitner, A.-K., u.a. (Hg.): Jahrbuch Entrepreneurship 2003/04. Gründungsforschung und Gründungsmanagement. Berlin, Heidelberg 2004, S. 207-225.

Piorkowsky, M.-B.: Teilzeitselbstständigkeit. In: Dynamik im Unternehmenssektor: Theorie, Empirie und Politik. Hg. von Friederike Welter. Berlin 2005, S. 155-173.

Ratibor, J. von: Die erforderliche Bildungsqualifikation der Moderne. In: Bildungs- und Erziehungskatastrophe? Was unsere Kinder lernen sollten. Hg. von Dieter Korczak. Wiesbaden 2003, S. 61-75.

Ripsas, S.: Entrepreneurship als ökonomischer Prozess. Perspektiven zur Förderung unternehmerischen Handelns. Mit einem Geleitwort von Prof. Dr. Dietrich Winterhager. Wiesbaden 1997.

Schulze-Buschoff, K.: Neue Selbständigkeit und wachsender Grenzbereich zwischen selbständiger und abhängiger Erwerbsarbeit. Europäische

Trends vor dem Hintergrund sozialpolitischer und arbeitsrechtlicher Entwicklungen. WZB Discussion Paper SP I 2004-108.

Schumpeter, J. A.: Unternehmer. In: Elster, L.; Weber, A.; Wieser, F. (Handwörterbuch der Staatswissenschaften. Vierte, gänzlich umgearb. Aufl., Achter Bd., Jena 1928, S. 476-487.

Schumpeter, J. A.: Kapitalismus, Sozialismus und Demokratie. Einleitung von Edgar Salin. Zweite, erw. Aufl., München 1950.

Schumpeter, J. A.: Theorie der wirtschaftlichen Entwicklung. 5. Aufl., Berlin 1952.

Sieger, H.: Existenzgründer: Höchste Zeit für Sprösslinge. In. Focus 21/1996, S. 190-195.

Stackelberg, H. von: Grundlagen der theoretischen Volkswirtschaftslehre. Berlin, Tübingen 1951.

Statistisches Bundesamt (Hg.): Existenzgründungen im Kontext der Arbeits- und Lebensverhältnisse in Deutschland. Eine Strukturanalyse von Mikrozensusergebnissen für die Jahre 1985 bis 2001. Bonn 2003 http://www.bmfsfj.de/Politikbereiche/gleichstellung,did=19210.html

Storey, D. J.: Understanding the Small Business Sector. London, New York 1994.

Varian, H.: Microeconomic Analysis. Second Edition. New York, London 1984.

Walras, L.: Mathematische Theorie der Preisbestimmung der Wirtschaftlichen Güter. Stuttgart 1881.

Williamson, O.: Markets and Hierarchies: Analysis and Antitrust Implications. A Study in the Economics of Internal Organization. New

Diskussion

Michael - Burkhard Piorkowsky

(auf die Frage nach Daten über den Wert von Hausarbeit)

Das Statistische Bundesamt hat unanfechtbar nachgewiesen, dass die gesellschaftliche Arbeitszeit für die Haushaltsproduktion fast doppelt so groß ist wie der Zeitaufwand für Erwerbstätigkeit. Das Problem der Bewertung ist aber, dass es eine fiktive Rechnung ist und wir eine ganze Reihe von Möglichkeiten haben, vernünftig zu argumentieren, mit welchem Wertansatz wir diese Arbeitszeit bewerten wollen. Der entscheidende Punkt ist aber meiner Meinung nach, dass die Haushaltsarbeit in einem solchen Ausmaß völlig unberücksichtigt bleibt, obwohl sie die Grundlage der Reproduktion unserer Gesellschaft ist. Es ist zwar oft gefordert worden, dass wir jährlich solche Zahlen präsentiert bekommen. Die repräsentativen Zeitbudget-Erhebungen sind aber sehr kostenträchtig, und es gibt möglicherweise auch Interessen, die dagegen stehen, die Ergebnisse stärker zu kommunizieren.

Ein Problem ist auch, dass es genügend Ökonomen gibt, die sagen: „Wir wissen, dass wir hier einen wesentlichen Teil der gesellschaftlichen Wertschöpfung nicht erfassen und wir müssten eigentlich die Volkswirtschaftlichen Gesamtrechnungen ändern, aber wir haben Bewertungsprobleme". OECD-weit wird ja nach diesem Standard die Produktionsseite des Sozialprodukts ermittelt. Außerdem: wenn die Haushaltsproduktion ernst genommen wird, müsste ja eingeräumt werden, dass der volkswirtschaftliche Produktionsprozess nicht an der Grenze der Haushalte endet, sondern dort fortgesetzt wird, also im Haushalt die Endprodukte erzeugt werden. Von daher ist natürlich die Sozialproduktberechnung lückenhaft und damit auch fehlerhaft. Aber ich will noch ergänzen: Das eigentliche Drama ist, dass die Geringschätzung der Haushaltsarbeit bereits in der Schule verfestigt wird. Und wir wissen ja auch, das viele Frauen sagen: „Ich bin nur Hausfrau." Ich meine, das ist doch eine Wurzel des Übels. Die Frauen müssten doch verstehen, dass private Haushalte und Familien produktive Einheiten sind, in denen die wesentlichen Grundlagen für die Wirtschaft und Gesellschaft bereitgestellt werden. Und die Anerkennung dieser Arbeit muss auch in der schulischen Wirtschaftssozialisation verankert werden!

Hannelore Scheele:
Ich habe vor etwa drei Wochen an einer Veranstaltung der Firma Vorwerk teilgenommen. Der dortige Marketingleiter hat uns das Marketingkonzept der Firma Vorwerk vorgestellt. Und die meisten von Ihnen wissen wahrscheinlich, dass sie im Direktvertrieb Haushaltsgeräte verkaufen. Dafür haben sie einen Werbefilm produziert, kennen Sie den? Da geht es darum, dass eine junge, sympathisch aussehende Frau einen Haushalt mit Kindern führt, die Kindergeburtstag feiern. Und sie kocht und sie bügelt, natürlich alles mit Vorwerkprodukten. Dann kommt der Mann nach Hause und sie macht sich schick und geht mit ihm zusammen auf eine Party. Dort steht ihr eine Dame gegenüber, die ganz gestylt ist, und arrogant fragt: „Und was machen Sie beruflich?" Die junge Frau überlegt nur einen Moment und antwortet: „Ich führe ein sehr erfolgreiches Familienunternehmen!" Vorwerk hat das perfekt ausgebaut. Es gibt in Zusammenarbeit mit der HÖR ZU einen jährlich Wettbewerb, in dem die Familienmanagerin des Jahres gekürt wird.

Michael - Burkhard Piorkowsky:
Ich kenne diese Kampagne. Das weist natürlich eine Parallele zu der Vorzeigeunternehmerin auf, die vorhin von Frau Welter angesprochen worden ist. Hier wird Haushaltsarbeit zu etwas Besonderem stilisiert. Und es wird eben nicht gesehen - was ich für notwendig halte -, dass Haushaltsproduktion eine Selbstverständlichkeit ist. So wie auch eine Unternehmensgründung eine Normalität ist und von Menschen wie du und ich realisiert werden kann - nicht nur von besonders jungen, besonders wichtigen, besonders gestylten Personen.
Diese Normalität im Umgang mit der Haushaltsarbeit fehlt in unserer Gesellschaft. In der genannten Kampagne wird auch das Haushaltsmanagement mystifiziert, anstatt die Realität darzustellen. Das ist kontraproduktiv.

Martina Schmeink:
Diese Darstellung der Ausbildung geschieht in der Schule, in den Universitäten und auch in der Wirtschaftsausbildung. Es ist ja leider so, das gilt für alle Disziplinen: Es sind komplexe Probleme, die abgebildet werden. Und komplexe Probleme müssen vereinfacht werden, um sie darzustellen. Und das ist wahrscheinlich auch der Knackpunkt, sowohl in der Schulausbildung, in der ökonomischen Ausbildung als auch in den Universitäten. Das Herunterbrechen der Komplexität, die Vereinfachung

müssen sein. Es nützt nichts, sonst kann ich solche volkswirtschaftlichen Darstellungen nicht vermitteln.

Aber was bei dieser ganzen Geschichte fehlt, ist die Thematisierung dieser Vereinfachung. Das, was Sie sagen, trifft genau den Kern: „Unternehmer sind Leute wie du und ich", und eben nicht nur der innovative Zerstörer. Die Vereinfachung wird nicht thematisiert. Aber das gilt ja nicht nur für die Wirtschaft, sondern für alles.

Michael - Burkhard Piorkowsky:
Ich sehe das doch noch etwas anders: Es geht nicht nur um Vereinfachung. Es geht in der Mikroökonomik nicht darum, dass Haushalte und Unternehmen als solche dargestellt werden sollen, sondern die Funktionsweise der Marktwirtschaft, der Marktprozess. Zu der Zeit, als die heute herrschende Wirtschaftstheorie Form angenommen hat, wurde Haushaltsarbeit als eine Naturkonstante, eine Naturgegebenheit gesehen, die eine Selbstverständlichkeit war. Und kein Mann, der damals Ökonom war - und es gab natürlich nur männliche Ökonomen - hat auch nur im Traum daran gedacht, das als irgendwas Erwähnenswertes darzustellen. Ich unterstelle nicht einmal Bösartigkeit, sondern es entsprach eben dem damaligen Weltbild: In jeden Haushalt gehört eine Hausfrau, die den Haushalt führt. Das war nicht weiter erwähnenswert.

Die Ökonomen der damaligen Zeit, also etwa um 1890 - ich habe ja auf Alfred Marshall in meinem Vortrag verwiesen -, waren von den Märkten und den Großunternehmen faszinierend. Als erstes wegen der Versorgungsmöglichkeiten, die durch Massenproduktion möglich wurde. Aber auch, weil der Markt ein Mechanismus ist, der Angebot und Nachfrage automatisch in Übereinstimmung bringt. Weil die Güterströme über die Preise nach objektiven Gesichtspunkten exakt gemessen werden können, hat das die Ökonomen damals interessiert. Denn sie orientierten sich an der Physik, die ja als Vorbild für alle exakten Wissenschaften galt. Und das hat sich bis heute fortgesetzt.

Die Theorie, also die Modellbildung, ist so festgefügt und wird so weit auch mathematisch ausgefeilt dargestellt, dass im Grunde genommen kaum noch jemand ernsthaft daran denkt, sie infrage zu stellen. Es gibt zwar auch Ökonomen, die das anders sehen - wenn ich mich nicht auf namhafte Ökonomen berufen könnte, würde ich mich gar nicht trauen, hier so was anzusprechen.

Es gibt Ansätze in der Theorie, die im Sinne einer radikalen Mikroökonomik die Haushalte als die zentralen Einheiten sehen, aus denen die Makrostrukturen entstehen. Es geht nicht nur um die Frage der Vereinfachung. Natürlich, die mathematischen Modelle sind schwieriger, wenn wir komplexe Gebilde, wie Haushalts-Unternehmens-Komplexe, betrachten. Aber ich will noch einmal betonen: Wir haben ein Problem, wenn wir mit dem berühmten Kreislaufmodell arbeiten, bei denen wir nicht erklären können, wo die Unternehmen und die Haushalte eigentlich herkommen, wie sie immer schon da sind.

Cornelia Rövenkamp:
Mir fällt, vielleicht auch als Ergänzung, eine Studie ein, die an der FU Berlin durchgeführt wird. In der soll untersucht werden, inwiefern selbständige Tätigkeit mit den Tätigkeiten, die außerhalb stattfinden, verknüpft sind. Und die gehen davon aus, dass es drei verschiedene Möglichkeiten gibt:
- die Integration – man versucht beides gut miteinander zu verbinden,
- die Segregation, Männer arbeiten, Frauen sind zu Hause,
- die Entgrenzung.

In dieser Untersuchung wird festgestellt, dass bei Selbständigen hauptsächlich die Entgrenzung eine Rolle spielt. Und es sind geschlechtsspezifische Aspekte zu erkennen. Diese Frage der Verknüpfung ist für unsere Fragestellung interessant: Wie sieht es eigentlich nicht nur mit der selbständigen Tätigkeit als solcher aus, sondern wie ist es außerhalb? Was ist mit der Haushaltsführung, jetzt weniger bezogen auf ökonomische Fragestellungen sondern zum Beispiel auf Verantwortungsbereiche?
Nehmen Sie solche Fragestellungen noch mit auf?

Michael - Burkhard Piorkowsky:
Wir beobachten das auch, aber bei meinem Thema ging es um die institutionellen Einflüsse. Und als Institutionen hatten wir festgemacht: Förderprogramme, Beratung sowie ökonomische Theorien und schulische Bildung - als institutionelle Komplexe die in der Vergangenheit gewirkt haben und nach wie vor für alle Menschen wirken, die ihnen ausgesetzt sind.

Es ging nicht um die Frage, wie sich die Betroffenen selber sehen, obwohl wir solche Untersuchungen auch durchgeführt haben. Aber der entscheidende Punkt ist: Die institutionelle Wirkung geht davon aus, dass wir das dargestellte Verständnis zum Inhalt von Bildungsgängen machen und dieses Bild vermitteln und im Grunde genommen nicht mehr infrage stellen. Sie wissen ja, wie das ist, wenn Menschen etwas studieren oder eine Ausbildung absolvieren, dann bekommen sie eine spezifische Sozialisation und sehen die Welt durch diese „Brille".

Aira Schöttelndreier:
Als Erziehungswissenschaftlerin bin ich natürlich zutiefst erschüttert von diesen Bildern, die Sie in Ihrem Vortrag gezeichnet haben. Und ich möchte in diesem Zusammenhang gern auf ein Stichwort hinweisen, das heute noch gar nicht gefallen ist und das mir auch im Zusammenhang mit dem, was Frau Welter vorgestellt hat, wichtig erscheint, nämlich Vorbilder. Welche Bedeutung haben eigentlich Vorbilder und welche Bedeutung hat es, wenn Mädchen und Frauen systematisch auch in diesen Vorbildern ausgegrenzt werden. Und welche Wirkung haben solche Vorbilder auf das Subjekt, das sich in ihnen nicht wieder findet und deshalb zum Beispiel den Bereich der Unternehmensgründung für sich von vornherein ausschließt?

Michael - Burkhard Piorkowsky:
Ich hätte Ihnen auch Bilder zeigen können von speziellen Beratungsbroschüren, die sich an Frauen wenden. Natürlich gibt es das, Sie wissen es. Es gibt auch spezielle Programme und Projekte für Frauen. Aber hier geht es ja um das Unternehmerbild, das in der Öffentlichkeit und vor allen Dingen auch in den Köpfen der Berater und Beraterinnen zu finden ist. Dieses Bild führt z.B. dazu, dass Beraterinnen verinnerlicht haben, dass Gründungen immer in Vollzeit stattfinden sollen, weil es sich sonst betriebswirtschaftlich nicht rechnet; oder dass gewerbliche Gründungen bei den Beratungen bevorzugt werden und von nicht-gewerblichen eher abgeraten wird.
Diese Vorstellung, wie eigentlich die Unternehmen aussehen bzw. vermeintlich aussehen, hat sich auch in den Köpfen der beratenden Personen festgesetzt. Wir halten es aber für möglich und auch für sinnvoll, das zu verändern. Und ich meine, diese Veränderung sollte nicht allein darin bestehen, das Unternehmerbild oder das Unternehmensbild zu ändern, sondern beim Bild des Haushalts und beim Bild der Familie und

zu sagen: „Das sind ökonomische Basisinstitutionen und die Aktivitäten, die dort stattfinden, haben durchaus eine unternehmerische Komponente". Und wer gelernt hat, in seinem Haushaltskontext unternehmerisch zu denken, tut sich sehr viel leichter, in der Unternehmenswelt auch unternehmerisch zu handeln.

Andrea Bührmann:
Ich finde es spannend, dass sich offensichtlich bürgerliche Ökonomie und politische Ökonomie - also Schumpeter und Marx - an diesem Punkt einig sind, dass Frauen als Hausfrauen nicht arbeiten und keine Werte schaffen. Das finde ich spannend.
Was ich auch spannend finde ist, dass sich die Frauenbewegung seit den siebziger Jahren daran abgearbeitet hat, den Männern deutlich zu machen, dass Frauen arbeiten. In Westdeutschland. Auch zu Hause. Diese schöne Unterscheidung zwischen Erwerbsarbeit und Arbeit kommt ja daher. Ich habe aber immer mehr den Eindruck dass diese Unterscheidung aufgegeben wird. Das finde ich bedenklich.
Ich möchte aber auch noch auf etwas anderes hinaus. Sie setzen sich ja dafür ein, dass der Haushalt ökonomisiert wird. Das wird aber in bestimmten Kreisen kritisiert als übergreifende Ökonomisierung des Sozialen. Dominiert nicht ein System der Gesellschaft, also die Ökonomie, alle anderen gesellschaftlichen Systeme? Was ist denn mit Gefühlen? Sollen wir die jetzt auch errechnen? Was ist mit ehrenamtlicher Tätigkeit? Was ist mit der Trennung zwischen Berufstätigkeit und Privatheit?

Michael - Burkhard Piorkowsky:
Also, ich will nicht den Haushalt ökonomisieren, sondern der Haushalt ist in die Ökonomie eingebunden. Die Gegenüberstellung: die Wirtschaft, das sind die Unternehmen, und das Private ist der Haushalt ist eine falsche Sichtweise. Wir brauchen insgesamt ein völlig neues Verständnis und ein neues Bild von Wirtschaft und Gesellschaft. Und natürlich mischen sich im Haushalt, wie in anderen Institutionen auch, ökonomische und soziale Dimensionen.
Wer würde denn behaupten wollen, dass im Unternehmen nur die pure Rationalität herrscht? Da tobt doch auch der „soziale Bär". Auch hier, im Unternehmen, müssten wir sicherlich in neuen Kategorien denken. Ich meine, das hängt mit der Vorstellung zusammen, Haushalte würden konsumieren und Unternehmen produzieren. Unternehmen sind groß und Haushalte sind klein. Das stimmt beides nicht.

Heute sind die meisten Unternehmen klein und sozioökonomische Gebilde. Während aber der Haushalt prinzipiell alle Bedürfnisse abzudecken versucht, sind Unternehmen nur teilwirtschaftliche Gebilde. Es gibt im Übrigen ausgabenorientierte und konsumorientierte private Haushalte, und es gibt kleine und große Unternehmen. Und dann haben wir noch den Fall, dass wir selbständige Erwerbstätigkeiten im Haushaltskontext finden, im Gründungsgeschehen, aber auch bei normaler kleinbetrieblicher Selbstständigkeit - wir sprechen hier von Haushalts-Unternehmens-Komplexen. Und das ist eine Situation, die zwangsläufig noch einmal sehr viel schärfer ökonomisches Denken in die Haushalte hineinträgt als üblicherweise.

Wenn wir jetzt also sagen, wir wollen den Haushalt nur romantisch als soziales Gebilde betrachten, geht diese Betrachtungsweise an der Realität vorbei. Wir müssen den Menschen vielmehr die ökonomische Dimension der Haushaltsarbeit näher bringen. Ich denke, das ist der einzige realistische Ansatz.

Ulla Böcker:
Eigentlich wissen alle, dass es so ist. Dass 91% der Unternehmen kleine Gründungen sind mit weniger als zehn Mitarbeitern. Und trotzdem haben alle, die Institution, die Banken, die Beraterinnen und Berater, immer noch ein ganz anderes Unternehmensbild. Da frage ich mich, was wir tun können? Wir sind ja nicht nur dazu da, Forschungsergebnisse zu diskutieren, sondern auch Konsequenzen zu entwickeln.
Was können wir tun, um dieses Bild gerade zu rücken beziehungsweise Sorge dafür zu tragen, dass ein realistisches Unternehmensbild in die Praxis transportiert wird?

Michael - Burkhard Piorkowsky:
Da die Frage an mich geht, würde ich gern antworten.
Wir müssen natürlich auf allen Ebenen versuchen, das empirisch Erkannte an die Öffentlichkeit zu bringen. Aber insbesondere müssten wir jetzt in die Schulen gehen. Wir müssen anfangen, den kleinen Menschen ein realistisches Bild zu vermitteln. Wir sollten uns dagegen wehren, dass in Schulen solche falschen Bilder verbreitet werden und nicht akzeptieren, dass unsere Kinder oder Enkelkinder mit abstrusen theoretischen Vorstellungen von produzierenden Unternehmen und konsumierenden Haushalten erzogen werden. Es muss von Anfang an ver-

mittelt werden, dass Haushalte grundlegende ökonomische Einheiten sind und dass Unternehmen zu 99% aus privaten Haushalten heraus gegründet werden. Wer will, dass wir mehr Unternehmensgründungen von Männern und von Frauen haben, der muss sich klar machen, dass Unternehmen aus Privathaushalten heraus entstehen und Schlussfolgerungen daraus ableiten. Wir dürfen es nicht dabei belassen, zu sagen: „Es gibt die Theorie des Wirtschaftskreislaufes, und solange das auf der halben Welt in den akademischen Lehrbüchern steht, wird das in unseren Schule auch vermittelt." Das kann an der Universität im Grundstudium so bleiben, weil die Studierenden später die Differenzierungen kennen lernen können. Aber an die Schulen gehört eine lebensweltlich orientierte Wirtschaftsbildung.

Karin Kühl:
Und man kann es ja auch zusätzlich an der Uni ändern.

Michael - Burkhard Piorkowsky:
Kann man auch. Das ist dann aber der nächste Schritt. Es ist leider nicht damit getan, Veränderungen im Rahmen der Erwachsenenbildung einzuleiten, sondern wir müssen ganz am Anfang, bei den Kindern und Jugendlichen, damit beginnen.

Ulla Böcker:
Ja, das ist die eine Seite. Auf der anderen Seite existiert aber eine starke Verweigerungshaltung. Frauen haben es satt, sich in der Gründungsphase mit nachrangigen Förderprogrammen auseinander zu setzen. Und bei den wirksameren Programmen wie Mikrodarlehen oder Startgeld bewegen sich die Banken nicht genügend. Weil sie ebenfalls dieses falsche Unternehmensbild haben, an dem sie ihre Handlungen ausrichten. Und weil sie vor allem viel verdienen wollen.

Michael - Burkhard Piorkowsky:
Natürlich spielt es eine Rolle, dass kleine Unternehmen für die Banken betriebswirtschaftlich nicht interessant sind. Aber das können wir nicht den Banken anlasten, denn wir wollen ja nicht, dass sie unwirtschaftlich arbeiten und die noch bestehenden Geschäfte damit ruinieren. Es müssen andere Institutionen gebildet werden, die Geld an gründungswillige Menschen vermitteln – gefragt sind z.B. genossenschaftliche Formen oder öffentliche Bürgschaften.

Wir müssen auch an die Medien gehen und versuchen, ein realistisches Bild Gründungswilliger und Selbständiger zu vermitteln und damit die Medien bewegen, sich nicht immer auf exotische und möglicherweise gut zu vermarktende Unternehmensgeschichten zu konzentrieren, sondern auch über ganz normale Gründungen und Selbstständige zu berichten.

Katrin Rudert:
In dem Zusammenhang halte ich es für wichtig, darauf hinzuweisen, dass es auch Teilzeitgründungen gibt, bei denen man genauso wie bei Teilzeitbeschäftigten beides haben kann: Unternehmen und Haushalt. Vielleicht fühlen sich Frauen durch eine solche Darstellung eher angesprochen, etwas in Richtung Selbständigkeit zu tun.

Hannelore Scheele:
Ich möchte gern noch anfügen: Ich hatte im Anfang mit dem Film ein bisschen Schwierigkeiten und habe gedacht, Sie hätten einen ganz anderen Ansatz als ich. Aber nachdem Sie das jetzt erläutert haben, denke ich anders darüber. Es kann einer Frau ja auch Selbstbewusstsein vermitteln, wenn sie weiß, sie ist anerkannt als Familienmanagerin. Allein dadurch, dass sie das gut macht. Und vielleicht ist dann die Hürde nicht so hoch, zu sagen, wenn ich schon als Familienmanagerin erfolgreich bin, dann kann ich vielleicht auch mit einem kleinen Unternehmen erfolgreich sein. In der Vergangenheit haben wir das ganz anders diskutiert, denn wir haben ja die Hausarbeit der Frauen nicht gerade sehr wertgeschätzt.

Michael - Burkhard Piorkowsky:
Das Stichwort greife ich gleich noch einmal auf. Wenn ich darüber rede, dass im Haushalt   verschiedene Aufgaben zusammen gelöst werden müssen, spreche ich ja auch von Haushaltsmanagement. Und ich erwarte hier auch besondere Managementfähigkeiten, weil die Hausfrauenrolle seit Generationen den Frauen zugeordnet wird. Und es ist eben nicht so, dass die Führung eines Haushaltes trivial ist. Sie erfordert im Gegenteil erheblichen Einsatz, denn es gibt sehr viel mehr Dinge zu vereinbaren und am Laufen zu halten als bei einem Arbeitsplatz am Fließband. Das wissen auch sicherlich alle, die das regeln.
Langer Rede kurzer Sinn: Haushaltsführung ist eine sehr anspruchsvolle Aufgabe, die Managementkompetenzen erfordert. Das, was Frau-

en im Haushalt leisten, ist genau das, was im so genannten Wirtschafts-leben in der Unternehmensführung gebraucht wird.

Andrea Bührmann:
Ich wollte auch noch mal auf den Film zu sprechen kommen; den zeige ich gerne bei Vorträgen. Denn gesucht wird darin die Familienmanage-rin, es ist aber interessant wer im Auswahlkomitee sitzt: Nämlich nicht Herr Clement, sondern seine Frau. Also, nicht der Bundeswirtschafts-minister sucht die Familienmanagerin des Jahres aus, sondern Frau Clement. Dabei wäre es wichtig, wenn Herr Clement diese Auswahl tref-fen würde. Und wenn es sich tatsächlich um eine erfolgreiche Unter-nehmerin handeln würde und nicht um eine Schauspielerin, die viel-leicht im Privaten auch eine erfolgreiche Unternehmerin sein kann, als solche aber nicht wahrgenommen wird.

Das ist immer so eine Grauzone, die aber wirklich ganz interessant ist: Auf der einen Seite wird unterschlagen, was ein Haushalt an unterneh-merischen Qualitäten fordert, und was Frauen beständig an unterneh-merischen Aktivitäten in den Wirtschaftskreislauf einspeisen. Aber ich glaube, dabei handelt es sich nicht nur um ein Informationsdefizit, das behoben werden muss, sondern es gibt erhebliche gesellschaftliche Widerstände, den Haushalt als Wirtschaft oder Ökonomie wahrzuneh-men und damit zu verändern.

Michael - Burkhard Piorkowsky:
Da stimme ich Ihnen voll zu. Aber meine These ist: Sowohl Männer als auch Frauen könnte das Wissen über die Managementanforderungen des Haushalts motivieren, sich auch während der Selbständigkeit wei-tere Kompetenzen anzueignen, unabhängig von der Größe des Unter-nehmens, weil bereits eine Basis für ökonomisches Denken vorhanden ist und Frauen dann nicht mehr sagen würden: „Mit Unternehmertum will ich gar nichts zu tun haben, das ist Männersache". Sondern: „Weil ich einen Haushalt führe weiß ich, was Management ist. Und das kann ich in einem Haushalt genauso gut wie in einem Einzelhandelsge-schäft".

Andrea Blome:
Ich habe noch mal eine Frage zur Realität an den Schulen: Jede eini-germaßen gut aufgestellte Schule hat inzwischen eine Schülerfirma -das sind meist kleine Handelsunternehmen, Kioske oder ähnliches. Und

die geben sich in der Regel die Rechtsform der Aktiengesellschaft, obwohl das eigentlich nicht zusammenpasst und auch mit der Realität
nichts zu tun hat. Denn die wenigsten kleinen Unternehmen geben sich
diese Rechtsform.

Und dennoch frage ich mich zunehmend: Ist es nicht vielleicht das kleinere Übel, um so ein kleinbetriebliches Geschäft überhaupt kennen zu
lernen? Andererseits frage ich mich: Ist das nicht wieder so eine theoretische Spielerei die letztlich nur daran hindert, das eigene wirtschaftliche
Handeln in einem realistischen Kontext zu sehen. Denn Aktiengesellschaften werden diese jungen Leute sehr wahrscheinlich nicht gründen.

Michael - Burkhard Piorkowsky:
Da stimme ich Ihnen hundertprozentig zu. Es ist ziemlich schwierig, sich
einen guten Überblick über das Lehr-Lern-Angebot in diesem Bereich
zu verschaffen. Denn – wie Sie sagen – an den allermeisten Schulen
gibt es so etwas; es gibt auch eine Vielzahl von Programmen verschiedener Institutionen. Aber mein Eindruck ist in der Tat der, dass es ü-
berwiegend um den Spaß an der Sache geht. Natürlich hat es auch einen gewissen Lerneffekt, es soll ja zum Beispiel die Teamfähigkeit ge-
übt werden. Aber in der Praxis sind die meisten Gründungen keine
Teamgründungen. Wir haben nur 2% Gründungen von Aktiengesellschaften und 98% sind keine Aktiengesellschaften. Damit wird in der
Tat eher ein unrealistisches Bild des Wirtschaftsgeschehens vermittelt.

Die gesamte wirtschaftliche Bildung in den Schulen, auch die Konzepte
mit den Schülerfirmen, laufen meines Erachtens darauf hinaus, die jungen Menschen ein Stück vorzusozialisieren für eine Beschäftigung in
großen Unternehmen. Es wird zwar gerne gesagt, sie sollen für die
Selbständigkeit interessiert, motiviert und befähigt werden. Aber faktisch
geht es nach wie vor nicht um die Kenntnis der realen Arbeitsmärkte
und des Gründungsgeschehens und darum, den jungen Menschen
möglichst früh eine Vorstellung von der Realität in der Wirtschaft zu
vermitteln und auf die Selbständigkeit vorzubereiten, sondern um Ein-
passung in abhängige Erwerbsformen.

Ich wiederhole nochmals: Wenn ich Menschen zur wirtschaftlichen
Selbständigkeit erziehen will, dann muss ich ihnen erst einmal klar ma-
chen, dass ihr privater Kontext viel mit selbständigem, ökonomischem
Verhalten zu tun hat. Wozu brauchen wir Schülerfirmen, wenn wir sa-

gen könnten, der eigene Haushalt, die eigene Familie, das ist auch ein kleines Unternehmen. Dort fangen wir an, das betriebswirtschaftlich zu durchleuchten. Und dort wollen wir unternehmensorientierte, vernünftige Entscheidungen nachvollziehen und einüben.

Friederike Welter:
Ich will ganz kurz diese Stichworte aufgreifen, die heute Vormittag gefallen sind: „Teilzeitgründungen", „Vorbilder" und „Notgründungen". Wenn wir jetzt darüber reden „Wie kann man das ändern?", „Wie kann man neue Unternehmerinnen- und Gründerinnenvorbilder schaffen?", sollten wir nicht vergessen: Die Gründung ist ein Prozess. Wir sollten jetzt nicht anfangen, eine neue Dichotomie herbei zu reden, nur weil es im Moment vor allen Dingen Frauen sind, die Notgründung machen. Wir sollten uns auf die Fahne schreiben, da eine Prozesssicht mit einzubringen und nicht von vorne herein zu sagen, es gibt da nur die ganz seltsamen Vorbilder, oder nur die ganz kleinen Vorbilder, sondern diese Vorbilder auch entwicklungsfähig zu gestalten.

Michael - Burkhard Piorkowsky:
Ich würde das auch gern aufgreifen und ergänzen. Es ist ja tatsächlich so: Wir kennen diese Unternehmergeschichten von IKEA, Haribo und Bill Gates, die alle irgendwo in der Garage oder garagenartig angefangen haben. Und in der Tat: Wir wissen vorher nicht, wie sich solche Gründungen entwickeln werden. Das ist ja eins der großen Probleme, dass wir keine perfekten Screening-Verfahren haben, um die erfolgreichen von den nicht erfolgreichen Gründungen im Voraus zu unterscheiden. Wenn wir das hätten, wäre es ja gar kein Problem, dann könnten wir nur in die erfolgreichen Gründerpersonen investieren. Aber wir haben das nicht.
Wir sind darauf angewiesen, und das gehört eben auch zur Marktwirtschaft, dass wir das in einem offenen Prozess sich entwickeln lassen müssen. Dafür müssen die Grundkompetenzen vorhanden sein. Und dann denke ich auch: zuschauen und lernen! Wir können nur hoffen und freuen uns auch über jeden und jede Gründer/in, der/die sich dann erfolgreich entwickelt. Aber das sind dann keine Geschichten, es ist die Realität.

Hannelore Scheele:
Dazu möchte ich gern etwas sagen. Wirtschaftstheorie hin oder her - wenn sie nicht in der Form existieren würde, wie Sie sie vorgestellt ha-

ben, bräuchten wir ja heute auch keine Forschungsprogramme. Wir bräuchten das Projekt „business goes to school" nicht, denn wir hätten dann sehr viel mehr Verständnis für Haushalte, für Wirtschaften ganz allgemein, auch in den Schulen. Wobei ich denke, dass man da durchaus auch auf einem guten Weg ist, wenn die Zehn- und die Zwölfjährigen lernen, dass man nicht mehr Geld ausgeben kann als man hat und dann eben nicht irgendwelchen Hirngespinsten hinterher hecheln. Dass da auch noch einiges im Argen liegt, ist sicherlich richtig.

Die Kammern, im Besonderen auch die IHK Nordwestfalen, kümmern sich darum, dass viel von dem, was das Land anbietet, auch in die Schulen getragen wird. Ich denke, dass die Materialien, die dort erstellt worden sind, auch nicht mehr nur das Großunternehmen postulieren, sondern von kleinen Einheiten, von kleinen Unternehmen sprechen. Das unterstützt es, im Kopf das Thema Unternehmen und das Thema Selbständigkeit als Alternative zuzulassen und die Angst vor Existenzgründungen zu verlieren. Bisher sind Kinder in ihrem schulischen Umfeld fast ausschließlich zu abhängigen Beschäftigungen erzogen worden. Daran gemessen sind wir schon auf einem guten Weg. Und wenn jetzt die Wirtschaftstheorie dann auch noch mitzieht, was wollen wir mehr?

Ilona Lange:
Ich will mich zu mehreren Themenfeldern äußern, zuerst zum Thema Vorbilder. Wenn wir in der Geschichte ein bisschen weiter zurückgehen, hat man den Frauen immer vorgeworfen: Ihr seid nicht qualifiziert genug, Ihr könnt's nicht!" Seit dem Jahr 2000 wissen wir, dass wir 55% Abiturientinnen haben, die durchschnittlich bessere Noten als die Abiturienten haben. Seit dem Jahr 2002 haben wir mehr weibliche Erstsemesterstudierende, und es kommen wesentlich mehr qualifizierte, und zwar auch hochqualifizierte, Frauen in den Unternehmen an.

Dieser Wandel ist in den Unternehmen zu spüren, die ich betreue. Der Kammerbezirk Südöstliches Westfalen ist sehr mittelständisch geprägt. Und in den kleinen und mittelständischen Unternehmen achtet man sehr wohl auf besser qualifizierte Frauen. Denn wenn sich die Unternehmen jetzt anfangen, zunehmend mehr in Europa und international aufstellen, entdecken viele, dass junge Frauen eben nicht nur ihren betriebswirtschaftlichen Teil beherrschen, sondern auch Sprachen. Ich habe viele Unternehmer gesprochen die jetzt anfangen, zielgerichtet Frauen einzustellen, weil sie sagen, die Leistungen sind schlicht und einfach besser.

Wenn wir über Existenzgründung reden, wenn wir über Jungunternehmerinnen reden, dann ist es sehr wichtig, ihnen Vorbilder zu zeigen. Ganz normale Frauen, die es schon geschafft haben. Und glücklich sind, gut aussehen und zufrieden mit ihrer Umwelt sind. Bei mir im Kammerbezirk sehe ich dafür jetzt Beispiele: Es gibt da Frauen, die sind im Moment noch in der zweiten Reihe. Diese Frauen werden die Unternehmen als nächste übernehmen. Und warum? Weil sie hervorragend qualifiziert sind. Man muss also nicht nur auf die Führungsetagen der großen Konzerne blicken, oder auf einzelne internationale Beispiele, sondern man findet auch in den mittelständischen Unternehmen viele interessante Vorbilder. Das, denke ich mir, ist ein ganz, ganz wichtiger Punkt.

Auf der anderen Seite hat das ganze Thema Anerkennung, Haushaltsarbeit und so weiter viel mit unserer eigenen Haltung zu tun. Mit unserem Rollenverständnis. Es ist nach wie vor so, dass viele Menschen es als selbstverständlich empfinden, dass die Frauen die Hausarbeit machen und die Kinder erziehen. Und daran müssen wir arbeiten, dass kann aber wirklich nur jeder selbst tun.

Auch viele Frauen haben dieselbe Haltung zu diesem Thema und meinen, nur sie als Mütter könnten ihre Kinder richtig erziehen und betreuen. Stattdessen sollten sie vielleicht auch mal dem männlichen Partner eine Chance geben, dabei mitzureden und vor allem mitzuarbeiten. Auch das hat viel mit Haltung zu tun. Denn es würde funktionieren, aber viele Frauen sagen von vornherein: „Das ist meins! Er hat mal die Fenster geputzt, das hat er miserabel gemacht. Deshalb mache ich es nächstes mal wieder selber, denn ich kann das besser!"
Wenn sich unsere Haltung - die der Frauen - hier ändert, dann haben wir eine wesentlich bessere Chance, beruflich voll durchzustarten, und auch eine wesentlich bessere Akzeptanz.

Friederike Welter:
Ich glaube das ist beides: individueller und gesellschaftlicher Einfluss.

Michael - Burkhard Piorkowsky:

Wenn es uns nicht gelingt, die Haushaltsarbeit für den eigenen Haushalt, aber auch für die Wirtschaft als etwas produktives, etwas Wert zu schätzendes darzustellen, werden wir immer das Problem haben, den Sinn zu vermitteln, sich hierfür ökonomische Kompetenzen anzueignen. Und wir können vor allen Dingen auch die Männer noch weniger dazu bewegen, im Haushalt aktiv zu werden. Insofern halte ich es für ein unverzichtbares Element, ein neues Verständnis von Wirtschaft zu entwickeln. Eben nicht zu sagen: Wirtschaft sind die Unternehmen, und das andere ist irgendwie eine andere Sphäre. Sondern: das gehört schon beides zusammen.

Deshalb sollten Lehrkräfte nicht nur in Unternehmen reinschnuppern, sondern auch etwas von Haushaltsarbeit verstehen.

Andrea D. Bührmann / Katrin Hansen

Einige Einsichten und neue Forschungsfragen

Wie kann das Selbstbild von Unternehmerinnen in Deutschland, ihr Fremdbild und das Zusammenspiel beider Perspektiven sowie deren Verkörperungen erforscht werden? Welche Forschungsbefunde liegen dazu schon vor? Welche Fragen bleiben zu erforschen? Welche Untersuchungsperspektiven sind hier fruchtbar und welche Forschungsmethoden angemessen? Diese Fragen standen im Mittelpunkt der Beiträge und hier abgedruckten Diskussionen des Workshops „Vielfalt in der Unternehmerschaft".

Uns geht es nun abschließend darum, die Ergebnisse zu synthetisieren und für einen anschließenden Diskurs aufzubereiten. Dabei sollen ausgehend vom aktuellen Forschungsstand offene Fragen formuliert und mögliche Forschungsperspektiven und –methoden diskutiert werden.

Friederike Welter und *Leona Achtenhagen* untersuchen im Rahmen einer diskurstheoretischen Medienanalyse (vgl. dazu auch Achtenhagen / Welter 2006) die Unternehmerinnenbilder, wie sie in verschiedenen überregionalen Zeitschriften in Deutschland hervorgebracht werden. Welter zeigt, dass das Bild von der Unternehmerin ‚veraltet'. Mit Blick auf diesen Befund ist aber natürlich zu fragen: Wo wird dieses Bild eigentlich produziert? Damit stellt sich die Frage nach den nichtdiskursiven Praktiken, über die das Lesepublikum dann auch erst verstehen kann, was in der Tagespresse angesprochen wird, wenn solche Schlagzeilen auftauchen wie „Süßes Leben mit bitteren Noten!" oder „Surfen auf dem Bügelbrett!", um über Unternehmensgründungen von Frauen zu berichten.

Auf dieses Problem geht auch der Beitrag von *Michael-Burkhard Piorkowsky* ein. Er fragt nämlich nach den nicht-diskursiven, institutionellen Praxen zur Hervorbringung des gegenwärtigen Bildes vom unternehmerischen Handeln und damit implizit auch nach dem Bild der Unternehmerin und des Unternehmers.

Piorkowsky hat sich mit Unterrichtsmaterialien auseinandergesetzt, die in Schulen Verwendung finden. Er hat aber auch Lehrmaterialien und Lehrbücher untersucht, die in Universitäten und Fachhochschulen zum Einsatz kommen und so mutmaßlich Einfluss auf das Bild vom unternehmerischen Handeln bei z. B. Unternehmensberatern und –beraterinnen haben wird. Zwar erforscht auch er Texte und man könnte meinen, er verbleibe ausschließlich auf der diskursiven Ebene. Doch geht es bei den Unterrichts- und Lehrmaterialien um programmatische Texte, die Schüler und Schülerinnen bzw. Studierende direkt zu einem bestimmten Handeln auffordern. Dies macht nochmals deutlich, dass zur Erforschung des Unternehmerinnenbildes neben einer Analyse diskursiver Praktiken auch eine Analyse institutioneller Bedingungen treten sollte. In einer solchen Dispositivanalyse verschränkten sich dann die Analyse diskursiver Praktiken mit der Analyse nicht-diskursiver Praktiken. Freilich finden Schule und Hochschule, wie ja unternehmerisches Handeln selbst in bestimmten gesellschaftlichen Kontexten statt. Dies ist immer wieder auch in den hier dokumentierten Diskussionen hervorgehoben worden. Und dieser gesellschaftliche Kontext ist wiederum mehr oder minder geprägt von einem bestimmten Unternehmerinnen- bzw. Unternehmerbild, das sich zum einen als hegemonial oder zum anderen als repräsentativ erweisen kann.

Das repräsentative Unternehmer- bzw. Unternehmerinnenbild hat *Rosemarie Kay* in ihrem Beitrag eindrucksvoll dargestellt. Die quantitative Längsschnittstudie macht deutlich, dass das Bild vom Unternehmer bzw. der Unternehmerin in Deutschland ganz erhebliche Auswirkungen auf das Entstehen einer konkreten Gründungsneigung besitzt, dass dies allerdings *für beide* Geschlechter zutrifft. Generell ist es ein wichtiges Ergebnis dieser Studie "[…], dass nicht das Geschlecht per se, sondern andere Einflussfaktoren für die schwächere Gründungsneigung von Frauen verantwortlich sind. Zugleich tritt die zentrale Bedeutung der Humankapitalausstattung der befragten Personen für die Umsetzung eines zukünftigen Gründungsvorhabens zu Tage" (Werner/ Kranzusch/ Kay 2005: 72).

Zu ähnlichen Ergebnissen kommen René Leicht und Maria Lauxen-Ulbrich, die die berufliche Segregation und diese wiederum bedingt durch das genderspezifische Berufswahlverhalten junger Frauen als wesentlichen Einflussfaktor der „gender gap" in den Gründungsaktivitäten sehen. Das Berufswahlverhalten seinerseits ist wiederum in den Phasen der frühen Sozialisation und der Berufsorientierung verortet (2005). Insofern ist schlichten Erklärungs- und Interventionsansätzen der Weg verbaut, die das Heil in der Hebung des „Entrepreneurial Spirit" erwachsener Frauen sehen. Vielmehr wird hier der Blick auf die Entwicklungslinien beruflicher Orientierung gerichtet, die schon in der vorberuflichen Lebensphase beginnen, sich ihrerseits aber auch wieder bestimmter Bilder von Berufen bedienen.

Mit welchen dieser Bilder sich Mädchen und junge Frauen identifizieren, wird durch die Attraktivität dieser Bilder aber auch von der Wahrscheinlichkeit bestimmt, diese im eigenen Leben mit Realität füllen zu können. Die Wahrscheinlichkeit, in bestimmten Berufen erfolgreich sein zu können, ist in Deutschland aber wiederum geschlechtsspezifisch ausgeprägt, wie die Erfahrungen der Initiativen „Mädchen in Männerberufen" zeigen. In diesem Sinne stellen auch *Ingrid Verheul, Lorraine Uhlaner* und *Roy Thurik* für Alumni einer U.S.-Universität fest: „In particular, the greater part of the variation in entrepreneurial self-image can be explained by the objective entrepreneurial activities in which respondents participate" (2002: 24).

Die eigene Erfahrung mit unternehmerischen Aktivitäten wird hier als wichtige Einflussgröße für die Entwicklung eines unternehmerischen Selbstbildes gesehen. Sie vermuten drei genderspezifische Effekte: nämlich, die Wahl genderspezifischer Aktivitätsfelder, eine geringere Tendenz von Frauen, sich selbst als Unternehmerin zu sehen und eine unterschiedliche Bewertung der eigenen unternehmerischen Aktivitäten durch Frauen. Insofern stellt sich hier die Frage nach Kontexten, innerhalb derer junge Frauen die Chance hatten, sich als erfolgreiche Unternehmerin fühlen zu können (vgl. auch *Janice Langan-Fox* 2005). Dies muss nicht in Schule oder Beruf erfolgen, sondern es können auch haushaltliche Erfahrungen unternehmerische Züge besitzen, wie Piorkowsky betont. Dies werden wir weiter unten näher diskutieren.

Die Studie von Leicht und Lauxen-Ulrich zeigt, dass in „Frauenberufen" die Selbständigenquote der Männer mehr als doppelt so hoch wie die der Frauen ist, während die Selbständigenquote der Frauen, die in „Männerberufen" tätig sind, über der der Männer in diesen Berufen liegt (Leicht/ Lauxen-Ulrich 2005: 141) Dies rechtfertigt unseres Erachtens eine vertiefende Analyse der Beweggründe und Umstände, unter denen diese Frauen und Männer nicht nur Gründungsneigung entwickelt sondern tatsächlich unternehmerisch tätig geworden sind und dies auch weiterhin fortsetzen.

Doch auch in der Gründungsphase selbst zeigen sich genderspezifische Unterschiede, wenn man die Studie des IFM Bonn im Detail betrachtet: „Mit 65,1 % gaben die befragten Männer signifikant häufiger an, sich selbst als Unternehmer/in zu fühlen als die befragten Frauen mit 57,5 %, während umgekehrt die befragten Frauen mit 48,3 % signifikant häufiger angaben, wie eine Unternehmer/in behandelt werden zu wollen, als die befragten Männer mit 38,6 %" stellen Kay, Kranzusch und Werner fest (siehe den Beitrag in diesem Band). Ihre Ergebnisse lassen sich unseres Erachtens dahingehend interpretieren, dass Männer signifikant häufiger die Chance haben, sich mit dem Bild des Unternehmers zu identifizieren als dies für Frauen mit Gründungsneigung gilt. Auf der anderen Seite wollen Frauen als Unternehmerin behandelt werden, was einerseits heißt, dass ihnen dies wichtig ist, andererseits aber auch bedeuten kann, dass ihnen diese Behandlung durch ihr Umfeld vorenthalten bleibt. Insofern erscheint es notwendig, nicht nur nach der Attraktivität des vorherrschenden Unternehmerbildes für die Geschlechter zu fragen, sondern auch nach den Chancen, dieses für sich selbst zu reklamieren.

Mit standardisierten Befragungen – und das ist ja die prinzipielle Crux aller quantitativen Forschung – kann im Prinzip nur überprüft werden, was die Forschenden unterstellen, was Unternehmerinnen über das Bild der Unternehmerin denken. Es können also nur zuvor aufgestellte Hypothesen überprüft werden. Mit Hilfe explorativer Verfahren - wie etwa narrativen Interviews - aber können zunächst über abduktive Schlussprozesse Hypothesen über das Bild der Unternehmerin selbst generiert werden, die dann wiederum in Hinblick auf ihre mögliche Repräsentanz in quantitativen Studien untersucht werden könnte. Kurz: Es scheint angebracht, das Selbstbild von Unternehmerinnen in Deutschland, ihr Fremdbild und das Zusammenspiel beider Perspektiven über ein Methodenmix bestehend aus quantitativen und qualitativen Verfahren zu untersuchen.

Auf welche Befunde kann bei der Erforschung des Selbst- und Fremdbildes von Unternehmerinnen rekurriert werden und welche Forschungsperspektiven sind zu bearbeiten? Der grundlegende For-
schungsbefund ist hier sicherlich, dass immer noch ein Gender gap bereits bei der Gründung von Unternehmen zu konstatieren ist. Darin
stimmen bisher die meisten - ob qualitativ oder quantitativ orientierten –
Studien[1] überein. Konsens ist, dass weniger als 1/3 aller Unternehmensgründungen in Deutschland durch Frauen erfolgen und als gesichert darf wohl auch gelten, dass sich der gap in Bezug auf die tatsäch-
liche Gründung von Unternehmen nicht signifikant vergrößert.

Offen ist allerdings bisher noch, ob sich dieser gap noch vergrößert,
wenn unternehmerische Entwicklungsprozesse bzw. Wachstumspro-
zesse betrachtet werden. Dieses Forschungsdefizit verweist auf eine
weitere bisher noch unbeantwortete Frage, die allerdings in der Literatur
und auch in den Diskussionen immer wieder angesprochen worden ist:
nämlich die Prozesshaftigkeit und eng damit verknüpft die Kleinteiligkeit
von Gründungsprozessen. Das Gründungsgeschehen geschieht in ganz
kleinen Zusammenhängen und gerade hier – entgegen eines leider weit
verbreiteten Mythos – werden sehr viele Arbeitsplätze geschaffen. Dies
betrifft allerdings weniger die Schaffung von Arbeitsplätzen von abhängig Beschäftigten, sondern vielmehr von Selbständigen und Unternehmern und Unternehmerinnen selbst. Hier besteht erheblicher For-
schungsbedarf. Denn ungeklärt sind vor allen Dingen die folgenden
Fragen: Was geschieht eigentlich in den Wachstumsprozessen der Unternehmen? Welche Formen von Wachstum existieren? Heißt Wachstum beispielsweise, dass ein Unternehmen mehr Beschäftige einstellt
und einen höheren Umsatz erwirtschaftet? Können hier geschlechtsspezifische Unterschiede festgestellt werden und wenn ja, welche?

In dem beschriebenen hegemonialen Unternehmerbild scheint kein
Platz für das Lernen an Gründungsprozessen, die nicht in Wachstumsprozessen münden. Geradezu stigmatisiert werden UnternehmerInnen,
die als „gescheiterte Existenzen" aus der Selbständigkeit zurückkehren.
In den USA wird dagegen gerade das Lernen aus missglückten Grün-
dungsversuchen als besondere Herausforderung gesehen (vgl.

---

1 Hier ist nicht der Ort um auf die überaus kontroverse Diskussion über einer präzisen Abgrenzung dieser beiden Orientierun-
gen und ob sie überhaupt sinnvoll ist einzugehen. Wir verweisen vielmehr auf die einschlägige Literatur (einführend dazu
z.B. Flick: 2002).

Shepherd 2004). So entlarvt *Jeffrey A. Timmons* es als Mythos, dass Unternehmer bzw. Unternehmerinnen scheitern. Präzise unterscheidet er zwischen dem Unternehmen und dem oder der Unternehmerin. Während Ersteres scheitert, nutzen Letztere dies als Lernchance (1999: 47). Timmons (1999: 30) stellt fest: „In order to succeed one first has to experience failure. It is a common pattern that the first venture fails, yet the entrepreneur learns and goes on to create a highly successful company".

Dieses Lernen ist durch die emotionale Verarbeitung des Miss-erfolgs-erlebnisses gekennzeichnet und mit Stress verbunden. Dies wird durch die pragmatischen Folgen der mit dem Scheitern verbundenen Stigmatisierungsprozesse verstärkt, die ihrerseits nicht nur durch Sicherheitsmotive von Kreditgebern, sondern auch durch das gesellschaftlich vorherrschende, in Deutschland von Durchsetzungsfähigkeit, materiellem Erfolg und Größenwachstum geprägten Unternehmerbild gespeist werden.

Die auffällige Differenz zwischen empirisch gesättigten Forschungsbefunden und scheinbar ungeprüft übernommenen Gewissheiten – Piorkowsky spricht ja von der ,Übermacht der Lehrbücher' über ,eindeutig' entgegenstehende ,empirische Fakten' - gilt es natürlich auch in Bezug auf die Erforschung des Selbst- und Fremdbildes von Unternehmerinnen und Unternehmern zu berücksichtigen. Dann stellt sich zum Beispiel die Frage: Entspricht die faktische Realität dem theoretisch unterstellten hegemonialen Unternehmer- und Unternehmerinnenbild und wie steht es in Bezug auf das angeblich repräsentative Bild? Erste Forschungsbefunde dazu sprechen für eine deutliche Differenz zwischen dem hegemonialen Unternehmer- und Unternehmerinnenbild und seiner faktischen zahlenmäßigen Verbreitung. Dies hat Piorkowsky eindringlich in seinem Beitrag zum Beispiel für so genannte Teilzeit - Unternehmerinnen, aber auch mit seinen Studien darüber, dass private Haushalte und Familien produktive Einheiten sind und somit Hausfrauen auch unternehmerisch tätig sind, belegt. Er vertritt den Standpunkt, dass in Haushalten spezifische unternehmerische Leistungen erbracht werden, indem sie „Endkombinationen in einem arteigenen Haushaltsprozess vornehmen und den Konsum organisieren, um Humanvermögen und Lebenszufriedenheit zu produzieren" (Piorkowsky: i. d. B.).

Diese Argumentation richtet den Blick auf die Frage, welche Unternehmerbilder sich aus der Würdigung von Haushaltsprozessen als unternehmerische Aktivitäten ergeben und welche Relevanz diese Bilder für die typischen kulturellen Muster der „neuen" Selbständigkeit haben, die insbesondere, aber nicht ausschließlich eine Domäne von Frauen sind (vgl. auch *Müller/Arum* 2004). In unserem methodischen Konzept schließen wir an *Kathryn Campbell* an, die die Forderung erhebt: „Quilting a feminist map to guide the study of women entrepreneurs." (2004). Mit ihrem Ansatz will sie Stimmen von Frauen zu Gehör zu bringen, deren Gefühle beachten und „Non-questions" stellen, die den Rahmen überkommener, traditioneller Vorstellungen sprengen. Hierzu bedient sie sich Metaphern und findet neue Inhalte für zentrale Begriffe wie „unternehmerischen Erfolg" und „Macht". Ein solches Vorgehen scheint uns besonders fruchtbar mit qualitativen Erhebungsmethoden und hier insbesondere mit narrativen Interviews in Verbindung mit einer Diskursanalyse möglich.

Wie *Martina Schmeink* und *Aira Schöttelndreier* zeigen, soll deshalb das Selbst- und Fremdbild sowie die Verschränkung beider Perspektiven über einen Methodenmix erforscht werden. Neben narrative Interviews mit Unternehmerinnen sowie Experteninterviews mit ihrer Beratungs- bzw. Förderungsinfrastruktur tritt eine Diskurs- bzw. Dispositivanalyse derjenigen Institutionen bzw. Organen aus Wirtschaft, Politik und Wissenschaft, in denen das Fremdbild von der Unternehmerin hervorgebracht wird. Ausgehend von den Ergebnissen dieser Befragungen bzw. Analysen sollen dann Hinweise eine Steigerung der Unternehmerinnenquote in Deutschland formuliert werden.

Mit Blick auf die hier zusammengefassten Befunde stellen sich im Grunde die folgenden Fragenkomplexe:

Erstens ist zu fragen, welche Relevanz haben eigentlich Vorbilder und welche Bedeutung hat es, wenn Mädchen und Frauen systematisch auch in diesen Vorbildern ausgegrenzt werden? Gleichzeitig ist aber auch zu fragen, inwieweit selbständige Männer sich mit dem traditionellen Unternehmerbild identifizieren können und wollen.
Zweitens stellt sich die Frage danach, wie es zu der oben benannten Diskrepanz und - damit verbunden - zu den Veränderungen im Hinblick auf das Selbst- und Fremdbild gekommen ist.

Schließlich ist darüber hinaus *drittens* zu fragen: Können diese Veränderungen gesteuert werden und wenn ja wie? Macht es Sinn zu versuchen, über die Medien oder über die schulische und hochschulische Erziehung diese Bilder zu verändern und wie sollte dieses geschehen?

Damit ist eine Diskussion tangiert, die schon seit einiger Zeit in der US-amerikanischen Academy of Management geführt wird.[2] Hier geht es zum einen um die ethischen Werte, die in der Managementausbildung vermittelt werden sollten. Es wird andererseits aber auch das Problem diskutiert, inwieweit so genanntes ‚unethisches' Verhalten im Management auf eine defizitäre Lehre zurückzuführen ist.

Goshal vertritt in seinem posthum veröffentlichten Artikel die These, dass Mainstream-Theorien wie Transaktionskostenansatz, Agency-Ansatz, Spieltheorie oder auch das Porter-Modell der Konkurrenz-Analyse nicht als einzelne Modelle, sondern in ihrem Zusammenspiel quasi hinter dem Rücken der Lehrenden dazu geführt haben, einer Management-Praxis zum Durchbruch zu verhelfen, deren heutiges Verhalten von vielen Lehrenden als unmoralisch verdammt wird: Resultat sei das Bild eines Managers – und wir fügen hinzu auch eines Unternehmers! – welchen Sumantra Goshal mit den Worten beschreibt: „the ruthless hard-driving, strictly top-down, command- and control focused, shareholder-value-obsessed, win-at-any-cost business leader of which Scott Papers 'Chainsaw' Al Dunlap and Tyco's Dennis Kozlowski are only the most extreme examples." (2005: 85)

Goshal sensibilisiert die Scientific Community für ihre Verantwortung nicht nur gegenüber den Studierenden, sondern auch gegenüber der Gesellschaft. „I argue that academic research related to the conduct of business and management has had some very significant and negative influences on the practice of management. These influences have been less at the level of adoption of a particular theory and more at the incorporation, within the worldview of managers, of a set of ideas and assumptions that have to come to dominate much of management research. More specifically, I suggest that by propagating ideologically in-

---

2 Wir verweisen auf das Special Feature in AMLE 4 (2005) 1. in dem der Leitartikel von Goshal durch Rosabeth Moss Kannter, Jeffrey Pfeffer, Henry Mintzberg und andere Autorinnen und Autoren durchaus kritisch kommentiert wird.

spired amoral theories, business schools have actively freed their students from any sense of moral responsibility" (Goshal 2005: 76) Daraus wird dann die radialkonstruktivistisch erscheinende Schlussfolgerung gezogen. Die Lehre und die Theorie zur Lehre müssen verändert werden, wenn die Realität im Management verändert werden soll: In dieser Perspektive verändert Theorie Realität. "Unlike theories in the physical sciences, theories in the social sciences tend to be self-fulfilling [...] "(Goshal 2005: 77).

Goshal ist nicht unwidersprochen geblieben. *Henry Mintzberg* und *Rosabeth Moss Kanter* weisen auf die Grenzen des Einflusses von MBA-Programmen für die Management-Praxis hin, da gesellschaftliche Realitäten, und insbesondere Machtstrukturen die Wirtschaftswelt – und die dort dominanten Leitbilder – prägen. So unterstützt Mintzberg in Anerkennung von Goshals Argumentation diese einerseits, stellt andererseits aber einschränkend fest, dass ein Theoriewechsel nicht automatisch zu verändertem sozialen Verhalten führt, da „...sheer human greed and the need for power in driving these behaviors..." (Mintzberg 2005: 108) opportunistisches Verhalten auch bei einer Veränderung von Leitbildern fortbestehen lässt. Kanter stellt die kritische Frage: „The major unadressed question therefore is, why has there been such a receptive audience? Why have these theories, and not others, been seized by consulting firms, policy makers, and others?" (2005: 93). Diese Argumentationslinien verweisen zum einen auf die Frage nach der gesellschaftlichen Funktion von Leitbildern und - in unserem Projekt - insbesondere von Unternehmerbildern und zum anderen auf die Frage den Inhalten des aktuellen Diskurses zum Unternehmertum in Deutschland.

Ausgehend von diesen Überlegungen stellte die präzise Erforschung der Bilder von Unternehmern und Unternehmerinnen einen ersten Schritt zur Veränderung unternehmerischer Realitäten dar. Hier gelte es natürlich anzuknüpfen an die grundlegenden Studien, an denen *Luc Boltanski* und *Eve Chiapello*,[3] Rosemarie Kay,[4] Maria Lauxen-Ulbrich[5] und Rene Leicht sowie Friederike Welter beteiligt gewesen sind.[6] Wichtig erscheint an dieser Stelle aber natürlich auch über diesen interdis-

---

3 Vgl. Boltanski / Chiapello: 1999.

4 Vgl. etwa BMWA: 2003.

5 Vgl. Lauxen-Ulbrich, M. / Leicht .

6 Vgl. Achtenhagen/Welter: 2003; Welter / Lagemann: 2003.

ziplinären Diskurs hinausgehend, das Wissen der Expertinnen und Expertinnen aus der Praxis. Erst diese transdisziplinäre Forschungsperspektive erlaubt es nämlich, empirisch gesicherte Aussagen über das Selbst- und Fremdbild von Unternehmerinnen zu machen. Und erst diese Transdisziplinarität wiederum ermöglicht es, (rasch) die Praxistauglichkeit theoretisch formulierter Strategien zu überprüfen. Insofern scheinen wir uns in Bezug auf die Erforschung des Selbst- und Fremdbildes von Unternehmerinnen wie Unternehmern und seinen möglichen Verkörperungen als unternehmerisches Selbst in einem dialektischen Lern- und Forschungsprozess zu bewegen: Die Theorie verändert die Praxis und die Praxis wiederum verändert die Theorie. Deshalb auch scheint es uns so wichtig, einen transdisziplinären Diskurs über diese Fragen zu initiieren.

Literatur

Achtenhagen, L./Welter, F. (2003): Female Entrepreneurship as Reflected in German Media from 1995 – 2001, Paper to the ICSB World Conference June 2003 (unveröffentlichtes Manuskript)

Achtenhagen, L./Welter F.(2006), Media Discourse in Entrepreneurship Research. In H. Neergaard und J.P. Ulhoi (Hg.), Handbook of Qualitative Methods in Entrepreneurship Research. Cheltenham, UK: Edward Elgar.

Boltanski, Luc/Chiapello, Ève (1999): Le nouvel Èsprit du Capitalisme, Paris.

Bundesministerium für Wirtschaft und Arbeit (BMWA) (Hg.): Unternehmerinnen in Deutschland. Gutachten im Auftrag des BMWA, Redaktion: Institut für Mittelstandsforschung , Redaktion: U. Backes-Gellner, U. und R. Kay, Berlin 2003

Campbell, K.: Quilting a feminist map to guide the study of women entrepreneurs. In: Hjorth/ D., Steyaert, C. (edts.): Narrative and Discursive Approaches in entrepreneurship", Cheltenham/ Northampton 2004, p. 194 - 209

Flick, Uwe (2002): Qualitative Sozialforschung. Eine Einführung, Reinbek: Rowohlt Verlag

Goshal, S.: Bad Management Theories Are Destroying Good Management Practices. In: Academy of Management Learning & Education 4(2005) 1, p. 75 – 91

Kanter, R.M.: What Theories Do Audiences Want? Exploring the Demand Side. In: Academy of Management Learning & Education 4(2005) 1, p. 93 – 95

Langan-Fox, J., Analysing achoevement, motivation and leadership in women entrepreneurs: A new integration. In: Fielden, S. L., Davidson, M., J. (edts.): International Handbook of Women and Small Business Entrepreneurship, Cheltenham/ Northampton 2005, p. 32 - 41

Lauxen-Ulbrich, M. / Leicht, R: Entwicklung und Tätigkeitsprofil selbständiger Frauen in Deutschland. Eine empirische Untersuchung anhand der Daten des Mikrozensus. Veröffentlichungen des Instituts für Mittelstandsforschung, 46, Mannheim 2002

Leicht, A./Lauxen-Ulbrich, M.: Entwicklung und Determinanten von Frauenselb-ständigkeit in Deutschland. Zum Einfluss von Beruf und Familie. In: ZfKE 53 (2005) 2, S 133 - 149

Mintzberg, H.: How Inspiring.How Sad. Comment on Sumantra Goshal's Paper. In: Academy of Management Learning & Education 4(2005) 1, p. 108

Shepherd, D. A.: Educating Entrepreneurship Students About Emotion and Learning From Failure. In: Academy Of Management Learning & Education 3 (2004) 3, p. 274 – 288

Timmons, J. A.. New Venture Creation. Entrepreneurship For the 21st Century. Boston et al. 1999

Verheul, I., Uhlaner, L., Thurik, A. R.:Entrepreneurial Activity, Self- Perception and Gender. ERS 2002-03-STR.
www.eur.nl/WebDOC/erim/erimrs20020124095552.pdf

Welter, F./**Lageman**, B. unter Mitarbeit von **Stoytcheva**, M.: Gründerinnen in Deutschland: Potenziale und institutionelles Umfeld. Untersuchungen des RWI, Essen 2003

Werner, A./**Kranzusch**, P./**Kay**, R. (2005): Die Bedeutung des Unternehmerbildes für die Gründungsentscheidung – genderspezifische Analysen. Schriften zur Mittelstandsforschung Nr. 109 NF, Bonn